打好力戒形式主义攻坚战

任仲文 编

人民日报出版社

图书在版编目（CIP）数据

打好力戒形式主义攻坚战 / 任仲文编 . -- 北京：人民日报出版社，2019.6
ISBN 978-7-5115-5980-7

Ⅰ. ①打⋯　Ⅱ. ①任⋯　Ⅲ. ①中国共产党－党的作风－学习参考资料
Ⅳ. ① D261.3

中国版本图书馆 CIP 数据核字（2019）第 069580 号

书　　　名：打好力戒形式主义攻坚战
编　　　者：任仲文
出 版 人：董　伟
责任编辑：曹　腾　季　玮
封面设计：主语设计
出版发行：人民日报出版社
社　　　址：北京金台西路 2 号
邮政编码：100733
发行热线：(010) 65369509　65369527　65369846　65363528
邮购热线：(010) 65369530　65363527
编辑热线：(010) 65369523　65363486
网　　　址：www.peopledailypress.com
经　　　销：新华书店
印　　　刷：大厂回族自治县彩虹印刷有限公司
开　　　本：710mm×1000mm　1/16
字　　　数：150 千字
印　　　张：13
版　　　次：2019 年 6 月第 1 版　2019 年 6 月第 1 次印刷
书　　　号：ISBN 978-7-5115-5980-7
定　　　价：36.00 元

目　　录

关于解决形式主义突出问题为基层减负的通知……………………… 1

中办发出《通知》
解决形式主义突出问题为基层减负明确2019年为"基层减负年" … 5

把干部从一些无谓的事务中解脱出来
　　——中央办公厅有关负责人就《关于解决形式主义突出问题为
　　基层减负的通知》答记者问………………………………………… 7

以实干成就美好未来
　　——以习近平同志为核心的党中央引领全党力戒形式主义官僚
　　主义综述……………………………………………………………… 12

全神贯注干工作　心无旁骛抓落实
　　——《关于解决形式主义突出问题为基层减负的通知》在各地
　　干部群众中引起热烈反响…………………………………………… 19

为基层减负松绑　激励干部奋发有为
　　——中办印发《关于统筹规范督查检查考核工作的通知》引发
　　热烈反响……………………………………………………………… 24

通过清理推动法规文件减量提质增效
  人民日报评论员 31

人民观点文章：为基层减负，为实干撑腰
  人民日报评论部 33

锻造"严紧硬实"好作风
  周　霁 49

减负不减责，潜心干事业
  郭光文 52

实干兴业
  陈垂培 54

当好新时代的答卷人
不断提升工作精气神
  李先乔 56

"留痕"莫若"留心"
  陈　杏 59

痕迹管理可以有，"痕迹主义"不能要
  郑　闻　晨莹 61

责任书不能成为一纸空文
落实责任书需要责任心
  刘　希　邵纪暄 63

装是否符合茶艺师职业及工夫茶艺风格要求以及礼貌用语等。

2) 普洱茶推介

具体要求：考生现场从所提供的茶样中指出普洱茶，接着介绍普洱茶的外形、汤色、香气、滋味和叶底5项品质特点。

考核要点：考生对普洱茶品质特点的认识及向顾客推介的技巧。

3) 青瓷壶冲泡普洱茶茶艺的程序介绍

具体要求：考生现场介绍青瓷壶冲泡普洱茶的茶艺演示程序及内容，考核其介绍的完整性和语言表达能力。

考核要点：介绍青瓷壶冲泡普洱茶茶艺演示程序及内容的完整性和语言表达能力。

4) 青瓷壶冲泡普洱茶茶艺的茶叶选择准备

具体要求：考生根据青瓷壶冲泡普洱茶茶艺对所用普洱茶品质及准备要求，从茶样中选出普洱茶，并选择小茶叶罐装好待用。

考核要点：选茶、选罐及装罐操作是否顺利完成、是否雅观。

5) 青瓷壶冲泡普洱茶茶艺的茶具配备

具体要求：考生依据青瓷壶冲泡普洱茶的茶艺演示对所用茶具的配备要求，完成茶具种类数量的选配。

考核要点：青瓷壶冲泡普洱茶茶艺演示所用茶具的种类及数量的选配操作技能与效果。

6) 青瓷壶冲泡普洱茶茶艺的茶具摆设

具体要求：考生依据青瓷壶冲泡普洱茶的茶艺演示对所用茶具的摆设要求，完成演示台上的茶具摆设。

考核要点：青瓷壶冲泡普洱茶茶艺演示的茶具摆设的操作技能与效果，包括茶具位置、距离、方向。

7) 青瓷壶冲泡普洱茶茶艺演示的顺畅感

具体要求：考生依据青瓷壶冲泡普洱茶的茶艺演示程序要求，顺畅地完成茶艺演示的全过程。

考核要点：完成青瓷壶冲泡普洱茶茶艺演示全过程操作的顺利性，程序是否熟练、操作是否顺畅。

（参考茶艺程序：列具—烹泉—赏茶—热壶—温杯—纳茶—润洗—高冲—斟分—献茶—品尝。）

8）青瓷壶冲泡普洱茶茶艺演示的节奏感

具体要求：该步骤与第七步同时进行。考生依据青瓷壶冲泡普洱茶茶艺的演示节奏要求，在茶艺演示过程表现出节奏感。

考核要点：在青瓷壶冲泡普洱茶茶艺演示中操作技艺上有节奏感。

9）青瓷壶冲泡普洱茶茶艺演示的手姿美

具体要求：该步骤与第七步同时进行。考生依据青瓷壶冲泡普洱茶的茶艺演示姿态美要求，在茶艺演示过程展示出手姿的美感。

考核要点：在青瓷壶冲泡普洱茶茶艺演示操作中有手的姿态美感。

治治"身不由己"的形式主义
　　张远晴 ·················· 66

激励更多干部担当作为
　　马祖云 ·················· 69

坚决反对形式主义
　　晁　仁 ·················· 71

坚决反对官僚主义
　　步　超 ·················· 74

以实干为荣　用实绩说话
　　盛玉雷 ·················· 77

激荡督查检查考核的正能量
　　李洪兴 ·················· 80

不只看"痕迹"，更要重"实绩"
　　寇江泽 ·················· 83

防范"指尖政务"中的"四风"变种
　　李　斌 ·················· 86

为基层减负　促干部实干
　　李浩燃 ·················· 89

发扬斗争精神　整治形式主义
　　麦　辰 ·················· 92

下基层要做好"加减法"
　　张敏娜 ························· 95

力戒形式主义的"痕迹管理"
　　郭　华 ························· 97

延伸阅读

山东倒逼推进"一次办好"
　　徐锦庚　刘成友 ··················· 103

政策执行，务求落地生根
　　孙　振　何　勇 ··················· 105

深挖细查，严防"四风"反弹
　　胡　果　朱　虹 ··················· 110

告别庸懒散浮拖　鼓足干事精气神
　　杨文明　何咏坤 ··················· 115

中央纪委公开曝光六起形式主义、官僚主义典型问题
　　姜　洁 ························· 120

基层干部，被哪些形式主义困扰
　　姜　峰　范昊天等 ················· 128

/ 目 录 /

端正工作作风　扑下身子实干
　　——基层干部群众来信反映身边存在的形式主义、官僚主义问题，
　　并就如何整治提出建议
　　　　金正波 ································· 135

政绩观不错位　踏实干才到位
　　　　丁志军　付　文　等 ·················· 142

文山会海怎么减
　　　　何　勇　王云娜　等 ·················· 149

考核重"痕"不重"绩"，怎么改
　　　　刘成友　姜　峰　等 ·················· 154

减负　每一条都有针对性
　　　　王云娜 ································· 161

板子要打准　问责促尽责
　　　　潘俊强　罗艾桦　等 ·················· 166

情到了，气更顺了
　　　　尹晓宇 ································· 171

整治顽疾　力求实效
　　　　郑少忠　魏本貌 ······················· 173

细化落实　松绑减负
　　　　史自强 ································· 175

少了 292 张表格以后
　　李亚楠 …………………………………………………… 177

减负措施　怎么细化
　　易舒冉　史自强　等 …………………………………… 182

流程图，从 14 米减到了 4 米
　　李家鼎 …………………………………………………… 187

从"不好办"到"立刻办"
　　吴齐强　方　圆 ………………………………………… 192

实实在在为基层减负
　　张　枨 …………………………………………………… 197

群众评成自评，查!
　　田豆豆 …………………………………………………… 199

关于解决形式主义突出问题为基层减负的通知

党的十八大以来，习近平总书记就加强党的作风建设，力戒形式主义、官僚主义作出一系列重要指示。近期，习近平总书记专门作出重要批示，强调2019年要解决一些困扰基层的形式主义问题，切实为基层减负。为贯彻落实习近平总书记重要指示批示精神，更好为基层干部松绑减负，激励广大干部担当作为、不懈奋斗，经中央领导同志同意，决定将2019年作为"基层减负年"，现就有关工作要求通知如下。

一、以党的政治建设为统领加强思想教育，着力解决党性不纯、政绩观错位的问题

坚持用习近平新时代中国特色社会主义思想武装头脑，在深化消化转化上下功夫，把理论学习的成效体现到增强党性修养、提高工作能力、改进工作作风、推动党的事业发展上。将力戒形式主义、官僚主义作为全党开展的"不忘初心、牢记使命"主题教育重要内容，教育引导党员干部牢记党的宗旨，坚持实事求是的思想路线，树立正确政绩观，把对上负责与对下负责统一起来。从领导机关首先是中央和国家机关做起，开展作风建设专项整治行动，发扬斗争

精神，对困扰基层的形式主义问题进行大排查，着重从思想观念、工作作风和领导方法上找根源、抓整改。严明政治纪律和政治规矩，认真汲取秦岭北麓西安境内违建别墅问题的深刻教训，坚决防止和纠正落实党中央决策部署不用心、不务实、不尽力，口号喊得震天响、行动起来轻飘飘的问题，真正把树牢"四个意识"、做到"两个维护"的要求落到实处。

二、严格控制层层发文、层层开会，着力解决文山会海反弹回潮的问题

认真贯彻落实中央八项规定及其实施细则精神，从中央层面做起，层层大幅度精简文件和会议，确保发给县级以下的文件、召开的会议减少30%—50%。发扬"短实新"文风，坚决压缩篇幅，防止穿靴戴帽、冗长空洞，中央印发的政策性文件原则上不超过10页，地方和部门也要按此从严掌握。地方各级、基层单位贯彻落实中央和上级文件，可结合实际制定务实管用的举措，除有明确规定外，不再制定贯彻落实意见和实施细则。科学确定中央文件密级和印发范围，能公开的公开。少开会、开短会，开管用的会。上级会议原则上只开到下一级，经批准直接开到县级的会议，不再层层开会。严禁随意拔高会议规格、扩大会议规模，未经批准不得要求党委和政府主要负责同志以及部门一把手参会，减少陪会。提倡合并开会、套开会议，多采用电视电话、网络视频会议等形式。提高会议实效，不搞照本宣科，不搞泛泛表态，不刻意搞传达不过夜，坚决防止同一事项议而不决、反复开会。进一步改革会议公文制度，选择一些地方和单位开展治理文山会海工作试点。

三、加强计划管理和监督实施，着力解决督查检查考核过多过频、过度留痕的问题

抓好《中共中央办公厅关于统筹规范督查检查考核工作的通知》贯彻落实，严格控制总量，实行年度计划和审批报备制度，中央和国家机关有关部门原则上每年搞1次综合性督查检查考核，对县乡村和厂矿企业学校的督查检查考核事项减少50%以上的目标要确保执行到位。强化结果导向，考核评价一个地方和单位的工作，关键看有没有解决实际问题、群众的评价怎么样。坚决纠正机械式做法，不得随意要求基层填表报数、层层报材料，不得简单将有没有领导批示、开会发文、台账记录、工作笔记等作为工作是否落实的标准，不得以微信工作群、政务APP上传工作场景截图或录制视频来代替对实际工作评价。严格控制"一票否决"事项，不能动辄签"责任状"，变相向地方和基层推卸责任。对涉及城市评选评比表彰的各类创建活动进行集中清理，该撤销的撤销，该合并的合并。对巡视巡察、环保督察、脱贫攻坚督查考核、政府大督查、党建考核等，牵头部门也要倾听基层意见进行完善，提出优化改进措施。调查研究、执法检查等要轻车简从、务求实效，不干扰基层正常工作。

四、完善问责制度和激励关怀机制，着力解决干部不敢担当作为的问题

坚持严管和厚爱结合，实事求是、依规依纪依法严肃问责、规范问责、精准问责、慎重问责，真正起到问责一个、警醒一片的效果。修订《中国共产党问责条例》。有效解决问责不力和问责泛化简

单化等问题。正确对待被问责的干部，对影响期满、表现好的干部，符合有关条件的，该使用的要使用。制定纪检监察机关处理检举控告工作规则，保障党员权利，及时为干部澄清正名，严肃查处诬告陷害行为。改进谈话和函询工作方法，有效减轻干部不必要的心理负担。把"三个区分开来"的要求具体化，正确把握干部在工作中出现失误错误的性质和影响，切实保护干部干事创业的积极性，为担当者担当，为负责者负责。对基层干部特别是困难艰苦地区和奋战在脱贫攻坚第一线的干部，给予更多理解和支持，在政策、待遇等方面给予倾斜。

五、加强组织领导，为解决困扰基层的形式主义问题提供坚强保障

在党中央集中统一领导下，建立中央层面整治形式主义为基层减负专项工作机制，由中央办公厅牵头，中央纪委国家监委机关、中央组织部、中央宣传部、中央改革办、中央和国家机关工委、全国人大常委会办公厅、国务院办公厅、全国政协办公厅等参加，负责统筹协调推进落实工作。各地区各部门党委（党组）要切实履行主体责任，一把手负总责，党委办公厅（室）负责协调推进落实，把力戒形式主义、官僚主义作为重要任务，拿出有效管用的整治措施。加强政治巡视和政治督查，加大舆论监督力度，对形式主义、官僚主义典型问题点名道姓通报曝光，对干实事、作风好的先进典型及时总结推广，为广大党员干部作示范、树标杆。

《人民日报》（2019年03月12日 05版）

中办发出《通知》
解决形式主义突出问题为基层减负 明确2019年为"基层减负年"

新华社北京3月11日电 中共中央办公厅近日发出《关于解决形式主义突出问题为基层减负的通知》,明确提出将2019年作为"基层减负年"。

中央办公厅有关负责人11日介绍说,去年年底,习近平总书记在一份材料上作出重要批示,强调2019年要解决一些困扰基层的形式主义问题,切实为基层减负。《通知》明确提出将2019年作为"基层减负年",充分体现了习近平总书记心系基层、关爱干部的深厚情怀,表明了党中央坚定不移全面从严治党、持之以恒狠抓作风建设的坚定决心,树立了为基层松绑减负、激励广大干部担当作为的实干导向。《通知》坚持严管和厚爱结合,对解决形式主义突出问题为基层减负作出进一步部署,有利于更好激励广大干部崇尚实干、担当作为,以优异成绩迎接新中国成立70周年。

《通知》围绕为基层减负,聚焦"四个着力",从以党的政治建设为统领加强思想教育、整治文山会海、改变督查检查考核过多过频过度留痕现象、完善问责制度和激励关怀机制等方面,提出了务实管用的举措。

针对目前文山会海反弹回潮的问题,《通知》在这方面定了一些硬杠杠。一是层层大幅度精简文件和会议；二是明确中央印发的政策性文件原则上不超过10页，地方和部门也要按此从严掌握；三是提出地方各级、基层单位贯彻落实中央和上级文件，可结合实际制定务实管用的举措，除有明确规定外，不再制定贯彻落实意见和实施细则；四是强调少开会、开短会，开管用的会，对防止层层开会作出规定。

《通知》着力于解决督查检查考核过度留痕的问题，明确提出要强化结果导向，坚决纠正机械式做法。针对有的地方和部门搞"责任甩锅"，把问责作为推卸责任的"挡箭牌"，《通知》要求严格控制"一票否决"事项，不能动辄签"责任状"。《通知》还要求对涉及城市评选评比表彰的各类创建活动进行集中清理，优化改进各种督查检查考核和调研活动，不干扰基层正常工作。

此外，《通知》还对抓落实的工作机制作出安排，提出在党中央集中统一领导下，建立由中央办公厅牵头的专项工作机制。各地区党委办公厅要在党委领导下，负起协调推进落实责任。

《人民日报》（2019年03月12日　01版）

把干部从一些无谓的事务中解脱出来

——中央办公厅有关负责人就《关于解决形式主义突出问题为基层减负的通知》答记者问

中共中央办公厅近日发出《关于解决形式主义突出问题为基层减负的通知》(以下简称《通知》),明确提出将2019年作为"基层减负年"。中央办公厅有关负责人就《通知》有关情况,接受了记者专访。

问:请介绍一下为什么将2019年作为"基层减负年"?

答:去年年底,习近平总书记在一份材料上作出重要批示,强调2019年要解决一些困扰基层的形式主义问题,切实为基层减负。按照中央领导同志要求,中央办公厅会同中央纪委国家监委机关、中央组织部、中央改革办、国务院办公厅等部门组成调研组,对解决困扰基层的形式主义问题进行深入调研,在此基础上起草印发了《通知》。

2019年是新中国成立70周年,是全面建成小康社会、实现第一个百年奋斗目标的关键之年。《通知》深入贯彻落实习近平总书记关于加强作风建设,力戒形式主义、官僚主义的一系列重要讲话和指示批示精神,回应广大基层干部的关切,明确提出将2019年作为

"基层减负年",具有重大意义。第一,充分体现了习近平总书记心系基层、关爱干部的深厚情怀。习近平总书记在2019年新年贺词中提出,"要倾听基层干部心声"。对基层面临的形式主义困扰,习近平总书记见微知著、明察秋毫,时时牵挂于心。习近平总书记指出,"上面千条线,下面一根针",很多形式主义问题,占用基层干部大量时间、耗费大量精力,这种状况必须改变!要把干部从一些无谓的事务中解脱出来,从提供材料的忙乱中解放出来。《通知》蕴含了习近平总书记对基层干部的深切关爱和为基层减负的明确要求。第二,充分表明了以习近平同志为核心的党中央坚定不移全面从严治党、持之以恒狠抓作风建设的坚定决心。进入新时代,面临新形势新任务新要求,习近平总书记敏锐察觉到形式主义、官僚主义是当前党内存在的突出矛盾和问题,是我们党的大敌、人民的大敌,必须坚决予以克服。在去年年底中央政治局民主生活会上,习近平总书记指出,要聚焦突出问题、紧盯关键节点,下大气力解决"四风"问题,不能虎头蛇尾,不能搞成"半拉子工程",更不能搞形式走过场。在今年年初召开的中央纪委三次全会上,习近平总书记强调,要把力戒形式主义、官僚主义作为重要任务,拿出有效管用的整治措施。《通知》彰显了同形式主义、官僚主义作坚决斗争,树牢"四个意识"、做到"两个维护"的坚定意志和行动自觉。第三,鲜明树立了为基层松绑减负、激励广大干部担当作为的实干导向。面对当前艰巨繁重的改革发展稳定任务,激发全党特别是基层干部的积极性、主动性、创造性十分重要。党的十九大以来,党中央先后出台激励干部新时代新担当新作为、统筹规范督查检查考核工作等政策措施,中央纪委查处并曝光一批形式主义、官僚主义案例。《通知》坚持严管和厚爱结合,对解决形式主义突出问题为基层减负作出进一步部署，有利于更好激励广大干部崇尚实干、担当作为，把更多精力用在打好三大攻坚战、推动高质量发展上来，以优异成绩迎接新中国成立70周年。

问：《通知》着力于解决哪些困扰基层的形式主义突出问题？

答：许多干部群众反映，一些形式主义通过高调表态披上"政治正确"的外衣，口号喊得震天响、行动起来轻飘飘，表面上是在"两个维护"，实际上是伤害了"两个维护"。习近平总书记一针见血地指出，要针对表态多调门高、行动少落实差等突出问题，拿出过硬措施，扎扎实实地改。同时，空耗精力的会多文多、名目繁杂的督查检查考核多、流于表正的痕迹管理多，而且层层加码，让基层不堪重负。还要看到，有的干部不担当不作为，这有理想信念的问题、能力本领的问题，客观上也与一些地方和部门追责问责不够精准、泛化简单化有关系，导致一些干部怕问责、怕诬告，而不想干事。很多基层干部说，对形式主义问题，既深恶痛绝，又深陷其中，现在到了必须打一场力戒形式主义攻坚战的时候了！《通知》围绕为基层减负，聚焦"四个着力"，从以党的政治建设为统领加强思想教育、整治文山会海、改变督查检查考核过多过频过度留痕现象、完善问责制度和激励关怀机制等方面，提出了一些务实管用的举措。

问：《通知》在整治文山会海方面提出了哪些硬要求？

答：开会、发文是我们党作决策、抓落实的重要方法，但是目前文山会海反弹回潮的问题比较突出，《通知》在这方面定了一些硬杠杠。一是层层大幅度精简文件和会议。明确发给县级以下的文件、召开的会议减少30%—50%。首先从中央层面做起，省市两级都要大幅度精简。二是明确中央印发的政策性文件原则上不超过10页，地方和部门也要按此从严掌握。作出量化规定，目的是倒逼改进文风、提高文件质量。三是提出地方各级、基层单位贯彻落实中央和上级文件，可结合实际制定务实管用的举措，除有明确规定外，不再制定贯彻落实意见和实施细则。这一规定，是为了解决照抄照搬上级文件、层层发文的问题。四是强调少开会、开短会，开管用的会，对防止层层开会作出规定。针对一些地方和部门传达学习上级精神照本宣科、泛泛表态、刻意搞传达不过夜这些问题，提出了"三个不搞"的禁止性要求。

问：《通知》对解决督查检查考核过多过频、过度留痕的问题提出了哪些硬措施？

答：中央办公厅发出《关于统筹规范督查检查考核工作的通知》后，各地区各部门按要求进行专项清理，中央和国家机关有关部门督查检查考核事项从900项精简至159项，清理率达82.33%，各省区市从12771项精简至3493项，清理率达72.65%，下一步还要加强计划管理，严格控制总量。《通知》着力于解决过度留痕的问题，明确提出：一是强化结果导向。考核评价一个地方和单位的工作，关键看有没有解决实际问题、群众的评价怎么样，而不是唯台账是举、以材料论英雄。二是坚决纠正机械式做法。现在基层干部反映有几个突出问题，比如本本多了、台账资料多了、微信工作群和公众号多了，有的乡镇干部手机上扶贫、党建、目标考核等各种微信群、APP、公众号有30多个。对此，《通知》明确规定"三个不得"，着力解决重"痕"不重"绩"、留"迹"不留"心"现象。三是针对有的地方和部门搞"责任甩锅"，把问责作为推卸责任的"挡箭牌"，要求严格控制"一票否决"事项，不能动辄签"责任状"。《通知》还要求对涉及城市评选评比表彰的各类创建活动进行集中清理，优化改进各种督查检查考核和调研活动，不干扰基层正常工作。

问：怎样抓好《通知》的贯彻落实？

答：《通知》的贯彻落实，关键在各级党委（党组）认真履行主体责任，把本地区本部门本单位摆进去，把工作抓具体抓深入，让基层干部群众有实实在在的获得感，尤其要坚决防止用形式主义的做法来解决形式主义问题。《通知》明确要求，从领导机关首先是中央和国家机关做起，开展作风建设专项整治行动，对困扰基层的形式主义问题进行大排查，着重从思想观念、工作作风和领导方法上找根源、抓整改。各地区各部门党委（党组）书记负总责，拿出切实管用的措施，同形式主义、官僚主义作坚决斗争。《通知》还对抓落实的工作机制作出安排，提出在党中央集中统一领导下，建立由中央办公厅牵头的专项工作机制。各地区党委办公厅要在党委领导下，负起协调推进落实责任。

（新华社北京 3 月 11 日电）

《人民日报》（2019 年 03 月 12 日　05 版）

以实干成就美好未来

——以习近平同志为核心的
党中央引领全党力戒形式主义官僚主义综述

作风问题关系人心向背，关系党的执政基础。

中共中央办公厅近日发出《关于解决形式主义突出问题为基层减负的通知》，明确提出将2019年作为"基层减负年"，回应了广大基层干部关切，激励大家崇尚实干、担当作为。

这份在全社会引起热烈反响的通知，折射出党的十八大以来，在以习近平同志为核心的党中央坚强领导下，全党上下同形式主义、官僚主义作坚决斗争，增强"四个意识"、做到"两个维护"的坚定意志和行动自觉。

2019年是中华人民共和国成立70周年，是全面建成小康社会、实现第一个百年奋斗目标的关键之年。解决形式主义突出问题，把干部从一些无谓的事务中解脱出来，必将更好地激励广大干部把精力用在打好三大攻坚战、推动高质量发展上来，努力干出无愧于人民的新业绩，干出中国发展的新辉煌。

这是一针见血、掷地有声的深刻警示

"痕迹管理"比较普遍,但重"痕"不重"绩"、留"迹"不留"心";检查考核名目繁多、频率过高、多头重复;"文山会海"有所反弹……

2018年11月26日,中共中央政治局举行第十次集体学习。在主持学习时,习近平总书记一针见血地指出一系列占用干部大量时间、耗费大量精力,又助长了形式主义、官僚主义的问题。

"这种状况必须改变""要把干部从一些无谓的事务中解脱出来"……掷地有声的话语,充分彰显了习近平总书记破除顽瘴痼疾的坚定决心和关爱干部的深厚情怀。

上面千条线,下面一根针。基层是政策落实的关键环节。

对于基层面临的形式主义、官僚主义困扰,习近平总书记见微知著、明察秋毫。

"一些基层干部忙于填写各类表格,加班加点,甚至没有时间进村入户调研办实事。"2017年6月,习近平总书记在深度贫困地区脱贫攻坚座谈会上强调,脱贫攻坚工作要实打实干,一切工作都要落实到为贫困群众解决实际问题上,切实防止形式主义,不能搞花拳绣腿,不能搞繁文缛节,不能做表面文章。

空谈误国,实干兴邦。

什么是形式主义、官僚主义?习近平总书记直指其实质。

——形式主义实质是主观主义、功利主义,根源是政绩观错位、责任心缺失,用轰轰烈烈的形式代替了扎扎实实的落实,用光鲜亮丽的外表掩盖了矛盾和问题。

——官僚主义实质是封建残余思想作祟,根源是官本位思想严重、权力观扭曲，做官当老爷，高高在上，脱离群众，脱离实际。

党的十八大以来，习近平总书记反复强调形式主义、官僚主义的危害。"形式主义、官僚主义同我们党的性质宗旨和优良作风格格不入，是我们党的大敌、人民的大敌。"这为全党敲响了警钟。

常抓不懈，驰而不息。

党的十九大后，作风建设在更加注重集中整治形式主义、官僚主义问题中走向深入。

2017年12月，习近平总书记就新华社一篇《形式主义、官僚主义新表现值得警惕》的文章作出指示，深刻指出纠正"四风"不能止步，作风建设永远在路上。他要求各地区各部门都要摆摆表现，找找差距，抓住主要矛盾，特别要针对表态多调门高、行动少落实差等突出问题，拿出过硬措施，扎扎实实地改。

习近平总书记强调，干部管理要敢抓善管、精准施策，体现组织的力度，也要撑腰鼓劲、关爱宽容，体现组织的温度。

既有严管也有厚爱，既以身作则又指明方向……在以习近平同志为核心的党中央坚强领导下，广大党员干部打响了力戒形式主义、官僚主义的攻坚战。

这是狠抓作风、破除积弊的坚强决心

今年年初召开的中央纪委三次全会上，习近平总书记强调，要把力戒形式主义、官僚主义作为重要任务，拿出有效管用的整治措施。

对症下药，靶向攻坚。在习近平总书记亲自推动部署下，一系列瞄准形式主义、官僚主义积弊的举措陆续出台。

以上率下，层层传递——

群雁高飞头雁领。习近平总书记明确要求，"中央政治局的同志不仅要带头不搞形式主义、官僚主义，而且要同形式主义、官僚主义的种种表现进行坚决斗争"。

从党内"关键少数"做起，从中央和国家机关有关部门做起。

《关于解决形式主义突出问题为基层减负的通知》提出一条条硬杠杠、实举措："从中央层面做起，层层大幅度精简文件和会议，确保发给县级以下的文件、召开的会议减少30%—50%""中央印发的政策性文件原则上不超过10页，地方和部门也要按此从严掌握"……

重拳出击，立行立改——

2018年4月，习近平总书记在湖北考察时指出，要把力戒形式主义、官僚主义作为加强作风建设的重要任务，大力弘扬真抓实干作风，推进工作要实打实、硬碰硬，解决问题要雷厉风行、见底见效，面对难题要敢抓敢管、敢于担责。

2018年9月，中央纪委办公厅印发的《关于贯彻落实习近平总书记重要指示精神集中整治形式主义、官僚主义的工作意见》，把整治形式主义、官僚主义作为正风肃纪、反对"四风"的首要任务、长期任务，对不担当、不作为、慢作为、乱作为、假作为等顽疾亮出利剑。

党中央严肃查处的秦岭北麓西安境内违建别墅问题，是严重违反政治纪律和政治规矩的典型，反映出一些领导干部落实党中央决策部署不务实、不用心、不尽力，形式主义走过场，官僚主义不作为。

解决"痛点"，松绑鼓劲——

2018年，中共中央办公厅印发《关于统筹规范督查检查考核工作的通知》，在广大党员干部群众中引起热烈反响。

近年来，督查检查考核工作不断加强，激励鞭策的"指挥棒"作用有力发挥，但也存在名目繁多、频率过高、多头重复、重留痕轻实绩等问题，地方和基层应接不暇、不堪重负。

问题表现在下面，但根子在上面。这份通知针对当前督查检查考核过多过频的问题，强调要从源头抓起，加强总量控制和计划管理，抓住了解决基层干部群众"痛点"的根本。

整治形式主义、官僚主义问题，不仅要破除积弊，也要树立标杆。

党的十八大以来，从"信念坚定、为民服务、勤政务实、敢于担当、清正廉洁"，到"三严三实""心中有党、心中有民、心中有责、心中有戒"等，习近平总书记谆谆教诲，反复强调领导干部要敢担当、有作为。

2018年5月，中共中央办公厅印发《关于进一步激励广大干部新时代新担当新作为的意见》，强调鲜明树立重实干重实绩的用人导向，切实为敢于担当的干部撑腰鼓劲，激励广大干部见贤思齐、奋发有为，凝聚形成创新创业的强大合力。

这是上下齐心、担当作为的响鼓重锤

今年3月7日下午，习近平总书记参加十三届全国人大二次会议甘肃代表团审议时指出，现在距离2020年完成脱贫攻坚目标任务只有两年时间，正是最吃劲的时候，必须坚持不懈做好工作，不获全胜、决不收兵。

脱贫攻坚越到最后时刻，越要响鼓重锤。放眼神州，脱贫攻坚战场掀起苦干实干、主动作为的热潮。

有的地方出台举措集中整治"简单化""一刀切"等问题，坚持

因地制宜精准施策；有的地方盯紧产业项目扶贫、对口帮扶中的作风问题，开展日常监督……

不止是脱贫攻坚。

今年2月，江西省人民政府印发实施了力戒形式主义、官僚主义的21条措施。安徽、山东、湖北、湖南等地也采取了类似的做法。

党的十九大为中国巨轮的前行立起了新航标。有了好的决策、好的蓝图，关键在落实。

2017年12月，中共中央政治局召开民主生活会。习近平总书记强调，要在全党大兴调查研究之风，推动全党崇尚实干、力戒空谈、精准发力，让改革发展稳定各项任务落下去，让惠及百姓的各项工作实起来，推动党中央大政方针和决策部署在基层落地生根。

放下架子、扑下身子，接地气、通下情，习近平总书记以身作则，用心倾听人民呼声，用真情回应人民关切，用行动践行自己的诺言，为全党树立了榜样。

上行下效，上下同心。

大江南北，各行各业，广大党员干部进一步明确任务，抓住突出短板和薄弱环节，加强政策配套，加强协同攻坚，努力确保各项目标任务按时保质完成。

新使命带来新挑战，新征程要有新作为。

"面对矛盾敢于迎难而上，面对危机敢于挺身而出，面对失误敢于承担责任，面对歪风邪气敢于坚决斗争""要做起而行之的行动者、不做坐而论道的清谈客，当攻坚克难的奋斗者、不当怕见风雨的泥菩萨"……今年3月1日，习近平总书记在中央党校（国家行政学院）中青年干部培训班开班式上勉励广大干部，要用知重负重、攻坚克难的实际行动，诠释对党的忠诚、对人民的赤诚。

激发干部干事创业、担当作为，需要营造良好氛围。

《关于解决形式主义突出问题为基层减负的通知》指出，把"三个区分开来"的要求具体化，正确把握干部在工作中出现失误错误的性质和影响，切实保护干部干事创业的积极性，为担当者担当，为负责者负责。

在2019年新年贺词中，习近平总书记深情地说："要倾听基层干部心声，让敢担当有作为的干部有干劲、有奔头。"温暖的关怀，鼓舞广大党员干部在关键时期更加实干担当、奋发有为。

在以习近平同志为核心的党中央坚强领导下，全党上下坚持不懈推进作风建设，踏踏实实干事创业，我们必将赢得一个又一个胜利，在新征程上不断书写崭新篇章。

（新华社北京3月18日电　记者黄小希、丁小溪、林晖）

《人民日报》（2019年03月19日　01版）

全神贯注干工作　心无旁骛抓落实

——《关于解决形式主义突出问题为基层减负的通知》在各地干部群众中引起热烈反响

中共中央办公厅近日印发《关于解决形式主义突出问题为基层减负的通知》，从以党的政治建设为统领加强思想教育、整治文山会海、改变督查检查考核过多过频过度留痕现象、完善问责制度和激励关怀机制等方面，提出了务实管用的举措。

《通知》在各地干部群众中引起热烈反响。大家表示，《通知》鲜明树立了为基层松绑减负、激励广大干部担当作为的实干导向，要把更多时间和精力用到干事创业、为民服务上来，全神贯注干工作、心无旁骛抓落实，在全面建成小康社会征程上砥砺奋进、攻坚克难，以优异成绩迎接新中国成立70周年。

以党的政治建设为统领，树立正确政绩观

《通知》提出"以党的政治建设为统领加强思想教育，着力解决党性不纯、政绩观错位的问题"，引起各地干部群众共鸣。

"思想没有偏差，落实才能到位。"山西大学政治与公共管理学院院长董江爱认为,《通知》抓住了问题本质,抓住了基层减负的关键,应该对照要求,从思想观念、工作作风和领导方法上查摆问题,"要时刻牢记全心全意为人民服务的宗旨,坚持实事求是的思想路线,树立正确政绩观,把对上负责与对下负责统一起来。"

"作为一名一线纪检监察干部,监督执纪要坚持实事求是。"江西赣州市信丰县委常委、纪委书记、监委主任孙晖深有体会,"在基层治理中存在的形式主义等现象,根源就在于党性不纯、政绩观错位。"

孙晖表示,信丰县纪委今年将在加强干部思想教育、党性修养、提高工作能力上下功夫,减少督查考核数量,改进督查考核方式,"少抓表格,多看实绩;少到办公室,多到田间地头;少问干部,多访群众,真正做到为基层干部减负、让群众满意。"

严控层层发文、层层开会,防止文山会海反弹回潮

"层层大幅度精简文件和会议""确保发给县级以下的文件、召开的会议减少30%—50%""中央印发的政策性文件原则上不超过10页"……针对文山会海反弹回潮的问题,《通知》在这方面定了一些硬杠杠。

"今年是脱贫摘帽的关键之年,石佛镇贫困程度深、脱贫任务重,《通知》中'少开会、开短会,开管用的会'等要求,为我们送来了一场'及时雨'。"甘肃天水市麦积区石佛镇党委书记陈继忠表示,"中央政策为我们松绑减负,我们要把时间精力更多地用在带领群众脱贫致富上,下更大功夫解决群众所需所盼所愿。"

河北承德市税务局副局长曹开明介绍说,落实《通知》要求,市税务局认真研究制定有关举措,如详细界定各类会议的参会范围

和人员,严控会议规模;控制部门下发的制度文件页数篇幅,避免冗长空洞。

"评价干部工作,不在于总结写得好不好、汇报得好不好,而在于是否真担当、干实事、见实效。"云南省社科院马列主义研究所所长黄小军认为,改进会风文风,党中央带头示范、以上率下;基层也要做好探索试点,进一步树立激励广大干部担当作为的实干导向。

加强管理监督,着力解决督查检查考核过多过频、过度留痕问题

《通知》要求着力解决督查检查考核过多过频、过度留痕的问题,明确提出要严格控制总量,强化结果导向,坚决纠正机械式做法,等等。干部群众认为,对督查检查考核中存在的问题,《通知》提出了一系列实招硬招。

湖北随县环潭镇干部蒋梦晓说,《通知》中"中央和国家机关有关部门原则上每年搞1次综合性督查检查考核"等规定具体务实,"必要的考核是应该的,但不能过多过滥。建议进一步研究建立科学考评机制,采取'组团打捆'等考核方式,尽可能减少考核次数。"

"我们所承担的民生工程质量和效率要求高。如果一般性的迎检汇报过于频繁,有时确实影响工作进度。"中建三局华西天府医院项目部党支部副书记李海林表示,"当然,即便检查项目减下来了,我们也要视质量为生命线,确保工程项目推进又快又好。"

"《通知》精神为进一步优化基层医卫考核工作指明了方向。"北京市丰台区方庄社区卫生服务中心主任吴浩建议,优化现有考核评价机制,由过程考核转向以健康管理为核心的结果考核;还可以

加强部门间协作,进行医保数据资源共享,实现电子健康档案信息互联互通,借力智慧医疗为基层机构减负。

完善问责制度和激励关怀机制,为担当者担当

《通知》要求坚持严管和厚爱结合,实事求是、依规依纪依法严肃问责、规范问责、精准问责、慎重问责,真正起到问责一个、警醒一片的效果。

"正确对待被问责的干部,对影响期满、表现好的干部,符合有关条件的,该使用的要使用。"对《通知》提出的这一要求,江苏无锡市梁溪区委常委、纪委书记、监委主任孙林祥感受颇深,"去年区里一位基层干部因管理队伍不严被通报批评,此后考虑到他纠正错误态度端正,且综合业务能力强,区里抽调其参加其他工作,在岗位上干出实绩,重新赢得群众和组织认可。"

"基层一些形式主义问题的出现,一定程度上缘于问责泛化、简单化。"黑龙江省鹤岗市委组织部干部监督室副主任、举报中心主任侯海军表示,今后在监督执纪工作中要更加注意把握好"三个区分开来"的具体要求,切实保护干部干事创业的积极性。

东北师范大学政法学院教授柏维春认为,《通知》在完善问责制度的同时,对完善激励关怀机制也提出明确要求,"对基层干部,要在政治上关注、思想上关怀、工作上关爱、生活上关心,同时健全和落实干部培育、选拔、管理、使用机制,以更好激励广大干部崇尚实干、担当作为,把更多精力用在打好三大攻坚战、推动高质量发展上来。"

"火车跑得快,全靠车头带,党员干部就是带领大伙增收致富的

'火车头'。"安徽滁州市凤阳县小岗村村民严金昌感慨:"好政策为基层干部减了负担,让他们能腾出更多时间、精力干事创业,带着群众奔小康。"

(记者乔栋、孙超、王锦涛、张腾扬、李茂颖、程远州、张文、范昊天、姚雪青、方圆、祝大伟报道)

《人民日报》(2019年03月14日 01版)

为基层减负松绑　激励干部奋发有为

——中办印发《关于统筹规范督查检查考核工作的通知》引发热烈反响

近日，中办印发《关于统筹规范督查检查考核工作的通知》（以下简称《通知》），进一步统筹规范督查检查考核工作，在广大干部尤其是基层干部中引发热烈反响。大家纷纷表示，《通知》的印发是推动党的十九大精神和党中央决策部署贯彻落实、深入推进全面从严治党、坚持不懈抓作风建设的重要举措，也反映了党中央关心干部、心系群众、着力给基层减负松绑的决心，必将进一步激发干部主动有为、攻坚克难的责任担当。

体现党中央对干部的关心，为基层减负松绑，鼓励干事创业

今年7月、8月，习近平总书记先后两次作出重要指示，指出现在下去督查的太多，检查考核过多过频，基层不堪负担，要统筹解决。《通知》的印发，就是贯彻落实习近平总书记一系列重要讲话和指示要求。广大干部表示，《通知》的印发体现了习近平总书记关心干部、心系群众、为基层减负松绑的为民情怀。

上海黄浦区委书记杲云说:"习近平总书记对基层情况非常了解。《通知》的印发很有针对性,督查检查考核是抓工作的重要手段,但是,现在基层确实存在检查频次多项目多、急匆匆来急匆匆走的现象,这也是大家普遍反映的现象。现在《通知》下来,把督查检查考核统筹起来,尽量减少对基层的打扰,让大家腾出更多时间抓工作抓实效。"

正在村里忙活的吉林省长春市玉潭镇建国村党支部书记杨树全得知《通知》印发后,感慨地说:"党中央出台这个文件真是想到我们的心坎儿里去了,这是习近平总书记对我们地方的关怀。给我们基层'松了绑',精简一些不必要的检查,给我们多点儿时间和空间,干事儿的劲头也会更足。我们相信也期待着这个深得人心的政策,能得到很好的落实!"

"习近平总书记对这个问题两次作出重要指示,亲自部署任务,为我们基层减负,让我们深刻感受到了党中央对基层的关怀。"湖南省长沙市芙蓉区火星街道党工委书记吴正华激动地说,"《通知》印发,我们基层叫好声一片。《通知》要求督查检查考核事项严格控制总量和频次,这对我们街道和社区来说,是真正的利好,切实减轻了基层负担,我们街道和社区就会有更多的时间抓工作,更扎实地为百姓做好服务工作。"

坚持不懈改进作风,着力克服形式主义、官僚主义

《通知》明确指出,近年来,督查检查考核工作存在名目繁多、频率过高、多头重复、重留痕轻实绩等问题,地方和基层应接不暇、不堪重负。广大干部表示,《通知》着力解决这些问题,体现了党中央狠抓作风建设,克服形式主义、官僚主义的决心。

云南省楚雄彝族自治州州委编办主任赵良说:"《通知》一针见血地指出了当前各类督查检查考核中存在的问题,这些问题点得很透彻。针对这些问题,《通知》提出了一系列针对性措施,充分体现了我们党坚持不懈狠刹'四风',特别是解决督查检查考核中的形式主义、官僚主义问题的决心与毅力。让我们基层干部备受鼓舞,也更加坚定了我们基层干部在党中央为我们减负松绑的新环境中去放开手脚、苦干实干、干事创业的信心。"

"党中央印发《通知》非常及时,条条明确具体,充分体现了党中央消除形式主义、官僚主义的坚定决心。对我们乡镇干部来说,有了更多的时间和精力去深入到一线、深入到群众中,专注做好民生服务工作。"北京市门头沟区永定镇党委书记周杨说。

在甘肃省金昌市委常委、纪委书记、监委主任常守远看来,一些领导干部在错误政绩观的误导下,"为了检查而检查",既造成人力物力浪费,也损害了党的形象。"中央及时下发《通知》,就督查检查考核工作予以明确规定,意义重大。"常守远认为,《通知》对检查哪些、怎么考核进行了翔实说明,使督查检查考核工作更加精准,更有针对性,将会促使督查检查考核工作更加务实有效。

提出硬招实招,确保政策落地、减负落实

广大干部纷纷表示,对于督查检查考核工作中存在的问题,《通知》可谓"直击要害"。《通知》提出了一系列硬招实招,并加强机制建设,确保统筹规范督查检查考核工作落到实处。

"督查检查中的形式主义、官僚主义,对我们企业生产影响很大,有时候真是疲于应对。中央敏锐地感知到这些问题,并对规范督查

检查考核提出了硬招实招。从《通知》要求可以看到，这一工作从'单兵行动'变为'联合作战'，从'蜻蜓点水'变为'真抓实干'，从'花拳绣腿'变为'真刀真枪'。"山东兖矿集团未来能源公司金鸡滩煤矿办公室主任张辉表示，"我们相信，这将对当下各种督查检查考核产生切实的规范作用。"

"文件的出台正是时候！"对于通读《通知》后的第一感觉，宁夏回族自治区吴忠市红寺堡区党委书记丁建成用"大快人心"来形容。"可以说，《通知》是顺应民心的务实之举，是纠偏名目繁多、走形变样检查的及时雨。"丁建成认为，《通知》明确的一系列措施，针对性很强，"比如总量控制，中央和国家机关各部门原则上每年搞1次综合性督查检查考核，同类事项可合并进行，涉及多部门的联合组团下去；比如考核方式，对督查检查考核中发现的问题，要加强督促整改，不能简单以问责代替整改，也不能简单搞终身问责。有这些具体举措，我们相信会让《通知》更快更好见效。"

"过去检查，看材料多，我们常常加班加点写记录、整台账、配照片，许多绣花的功夫用在了填表格上。现在好了，中央要求督查检查多到现场看，多见具体事，多听群众说，更注重老百姓的获得感满意度，而且鲜明树立真实干真实绩的导向，不仅能让基层干部脱离形式主义、官僚主义，而且激发出大家干事创业的热情。我们都铆足了劲儿，想给老百姓多做些实实在在的好事。"山西煤炭进出口集团派驻五寨县孙家坪乡阳坡村扶贫工作队员刘忠杰说。

（本报记者赵兵、曹玲娟、孟海鹰、侯琳良、张帆、贺勇、付文、肖家鑫、朱磊、周亚军）

《人民日报》（2018年10月14日　01版）

通过清理推动法规文件减量提质增效

人民日报评论员

日前，中共中央印发《关于废止、宣布失效和修改部分党内法规和规范性文件的决定》，标志着中央党内法规和规范性文件第二次集中清理工作圆满完成。这次集中清理，是以习近平同志为核心的党中央加强党内法规制度建设的重要成果，对推动全面从严治党向纵深发展具有重要意义。

这是强化"两个维护"制度保障的重要举措。加强党内法规制度建设，必须旗帜鲜明讲政治，把为坚决做到"两个维护"提供制度保障当作首要政治任务。党内法规制度是党和人民意志的体现，是党中央决策部署的重要载体，也是坚持和加强党的全面领导的重要遵循，如果存在不适应、不协调、不衔接、不一致等问题，就会影响坚决做到"两个维护"。通过集中清理解决这些制度问题，保证习近平新时代中国特色社会主义思想和党的十九大精神在党内法规制度中得到全面贯彻，这是党内法规制度建设践行"两个维护"的重要体现，是强化"两个维护"制度保障的重要举措。

这是文件精简提质增效的重要举措。"文山"问题，是基层群众反映强烈的突出问题。日前，中央办公厅印发《关于解决形式主义突出问题为基层减负的通知》，提出从中央层面做起，层层大幅度精简文件。减"文山"、实现文件"瘦身"，既要从严控制发文，解决"增量"问题，也要通过集中清理，解决"存量"问题。同时，集中清理也是文件"健身"的重要途径。通过集中清理淘汰过时的法规文件，清除制度冲突打架现象，及时把新的理论实践成果充实吸收到制度文件中，对于党内法规制度建设提质增效，使之更加体现规律性、富有时代性，具有重要作用。

这是健全清理机制的重要举措。法规文件清理工作，是党内法规制度建设的重要一环。这次集中清理，是继2012—2014年我们党历史上第一次党内法规和规范性文件集中清理之后的又一次集中清理，标志着集中清理已成为党内法规制度建设的重要机制。这次集中清理还对14件个别条款规定与党和国家机构改革精神不一致的中央党内法规作出一揽子修改，既回应了与时俱进修改党内法规个别规定的现实需要，又兼顾了保持党内法规整体稳定性的要求，是党内法规清理和修改方式的一个重要创新。

各地区各部门要增强"四个意识"，坚定"四个自信"，做到"两个维护"，全面深刻把握这次集中清理工作的重要意义，认真抓好配套法规文件清理和有关法规文件修改，确保党中央决策部署不折不扣落到实处。

《人民日报》（2019年04月12日 01版）

把对上负责与对下负责统一起来

——为基层减负,为实干撑腰①

人民日报评论部

纵观形式主义的种种新表现,一个重要原因,就是片面理解"对上负责",甚至人为地把"对上负责"与"对下负责"对立起来

从实处着眼、用实干考量、以实绩说话,激励干部担当作为,创造性贯彻落实党中央方针政策和工作部署

着力解决党性不纯、政绩观错位的问题,着力解决文山会海反弹回潮的问题,着力解决督查检查考核过多过频、过度留痕的问题,着力解决干部不敢担当作为的问题……近日,中办印发了《关于解决形式主义突出问题为基层减负的通知》,明确将2019年作为"基层减负年"。为基层减负、为实干撑腰,让广大基层干部十分振奋——这既是减负,更是加油!

"上面千条线,下面一根针。"这句耳熟能详的话,形象地表明了基层工作的重要、复杂和繁重。如果说,基层是我们党执政大厦的地基,基层干部就是这个地基中的钢筋。正因如此,习近平总书

记深刻指出,"党的根基在基层",强调"要倾听基层干部心声""必须夯实基层""要有千千万万优秀基层骨干"。也因如此,党的十八大以来,从下大力气解决形式主义、官僚主义问题,到要求把干部从一些无谓的事务中解脱出来,如何让基层干部轻装上阵,一直是以习近平同志为核心的党中央高度关注的问题。

毋庸讳言,现在基层的担子不轻松。其中,除了改革发展的硬任务,也有形式主义的软钉子。曾有基层干部举例:"某天晚上8点多来了上级电话,通知全县在第二天12点之前,摸清楚全县某某行业的生产情况。即使不睡觉、通宵达旦摸排,也不可能完成这个任务。但上级的指令就在那,到时间非得交差不可。"怎么办?只能堆材料、造数据应付了事。类似的形式主义之所以屡禁不止,就在于它动辄把"上级要求"挂在嘴上,让基层干部"无可奈何"。其结果,既违背了中央精神,也加重了基层负担。

"把对上负责与对下负责统一起来"。《通知》中的这一明确要求,可谓切中肯綮。照本宣科、泛泛表态、刻意搞传达不过夜,随意要求基层填表报数、层层报材料,滥用"一票否决"、动辄签"责任状",变相向地方和基层推卸责任……纵观形式主义的种种新表现,一个重要原因,就是片面理解"对上负责",甚至人为地把"对上负责"与"对下负责"对立起来,"不怕群众不答应,就怕领导不认可"。一些"身不由己"的形式主义也由此催生。

如何理解"对上负责"与"对下负责"的关系,不仅是一个方法问题,更是一个理念问题。早在2006年,时任浙江省委书记的习近平同志就撰文《坚持对上负责与对下负责的一致性》指出,"所谓对上负责,就是对上级领导机关负责;所谓对下负责,就是对人民群众负责。对各级领导干部来说,对上负责与对下负责从来都是统一的、不可分割的，对党负责，就是对人民负责；对人民负责，就是对党负责。两者统一于对党和人民事业的高度负责之中"。换句话说，只有在工作中始终坚持对上负责与对下负责的一致性，才能真正尽到职、负好责。

反过来看，一些人之所以片面理解"负责"，归根到底还是政绩观出了问题，个人主义思想在作祟。比如，传达精神表面轰轰烈烈，实则不走心、不过脑，只出工不出力；执行政策看似雷厉风行，实则只顾自己方便，不管基层情况和群众意愿。毛泽东同志在《反对本本主义》中指出："盲目地表面上完全无异议地执行上级的指示，这不是真正在执行上级的指示，这是反对上级指示或者对上级指示怠工的最妙方法。"这次《通知》要求"坚持实事求是的思想路线，树立正确政绩观"，正是强调要以正确的认识、正确的行动坚决做到"两个维护"，决不允许对党中央阳奉阴违做两面人、搞两面派、搞"伪忠诚"。

上下同欲者胜。把对上负责与对下负责统一起来，从思想方法上来说，就是要坚持理论联系实际，吃透上情，摸清下情，正确处理宏观与微观、普遍与特殊、一般与个别等关系。从工作目标上来说，就是要坚持"以人民为中心"，把增强人民群众获得感、幸福感、安全感放到突出位置，认识到对上负责、对下负责最终都是要体现对人民负责。从工作实践上来说，就是要在正确领会上级精神的前提下，坚持一切从实际出发，深入实际调查研究，使上级精神更好对接实际、落地生根。从组织保障来说，就要坚持目标导向、问题导向、效果导向有机统一，从实处着眼、用实干考量、以实绩说话，激励干部担当作为，创造性贯彻落实党中央方针政策和工作部署。

"任何事情都要向上看看，向下看看。"谈到干部的工作职责，习近平总书记曾这样告诫。不忘初心、牢记使命，把对上负责与对下负责统一起来，我们才能真正把树牢"四个意识"、做到"两个维护"的要求落到实处，以良好精神状态和优异工作成绩，为党分忧、为国干事、为民谋利。

《人民日报》（2019年03月26日　09版）

关键看有没有解决实际问题

——为基层减负，为实干撑腰②

人民日报评论部

《通知》蕴含了习近平总书记对基层干部的深切关爱和为基层减负的明确要求，也鲜明树立了为基层松绑减负、激励广大干部担当作为的实干导向

反对形式主义，为基层减负，既要有强烈的问题意识，也要有明确的结果导向，用政治效果检验政治立场和政治能力

发扬"短实新"文风，坚决压缩篇幅，防止穿靴戴帽、冗长空洞；少开会、开短会、开管用的会；坚决纠正机械式做法，不得随意要求基层填表报数、层层报材料……细读《关于解决形式主义突出问题为基层减负的通知》，一个重要特点，就是要求打一场力戒形式主义的攻坚战，"要把干部从一些无谓的事务中解脱出来"，让基层把更多时间用在抓工作落实上来。

为基层减负是人心所向，也是事业发展的迫切要求。基层的负担从何而来？一个重要方面，就是形式主义的东西占用了大量时间、

耗费了大量精力，让很多干部既深恶痛绝、又深陷其中。比如，"痕迹管理"比较普遍，但重"痕"不重"绩"、留"迹"不留"心"；检查考核名目繁多、频率过高、多头重复；"文山会海"有所反弹……正因如此，习近平总书记在中共中央政治局第十次集体学习时指出，"这种状况必须改变"。此次《通知》，蕴含了习近平总书记对基层干部的深切关爱和为基层减负的明确要求，也鲜明树立了为基层松绑减负、激励广大干部担当作为的实干导向。

"我们中国共产党人干革命、搞建设、抓改革，从来都是为了解决中国的现实问题。"形式主义之所以是我们党的大敌、人民的大敌，就在于不解决实际问题。特别是，一些形式主义高调表态，口号喊得震天响、行动起来轻飘飘，用轰轰烈烈的形式代替扎扎实实的落实，用光鲜亮丽的外表掩盖矛盾和问题。其结果，不仅问题没能解决，还降低了党的方针政策的公信力，削弱了党员干部说话办事的号召力。

从哲学上讲，形式是内容的存在和表现方式。任何事物、任何工作、任何活动，都必须通过一定形式来体现其内容。开会、发文是我们党作决策、抓落实的重要方法，痕迹管理也是监督考核的有效手段。然而，倘若开会、发文、留痕等解决问题的手段成了目的，何尝不是本末倒置、买椟还珠？一位基层干部感慨，"如果不用心去做，处处留痕也没用，但对用心工作的干部来说，处处留痕反而成了无谓的负担。"这正如马克思讲的，"如果形式不是内容的形式，那么它就没有任何价值了。"

"善除害者察其本，善理疾者绝其源。"反对形式主义，为基层减负，既要有强烈的问题意识，也要有明确的结果导向。《通知》明确提出，"强化结果导向，考核评价一个地方和单位的工作，关键看有没有解决实际问题、群众的评价怎么样。"破解形式主义的一大法宝，就是坚持实事求是，用政治效果检验政治立场和政治能力。诚然，现实中的形式主义，往往都是"扎扎实实走程序、认认真真走过场"，通常也会摆出很多冠冕堂皇的理由，令人难以甄别、甚至不好"抵抗"。但不管使上什么"障眼法"，只要用结果这把"尺子"去衡量，就能让其现出"原形"。

2019年是中华人民共和国成立70周年，是全面建成小康社会、实现第一个百年奋斗目标的关键之年。形式主义突出问题解决得如何，为基层减负成效怎么样，关键就要看是否使干部从一些无谓的事务中解脱出来，是否能督促和帮助基层干部把精力集中到解决难题、推动发展上。换句话说，就是要把以往应付文山会海、过频考核、过度留痕的压力，转化为推动改革发展的工作动力，激励广大干部崇尚实干、担当作为，把更多精力用在打好三大攻坚战、推动高质量发展上来。

"要牢记空谈误国、实干兴邦的道理，坚持知行合一、真抓实干，做实干家。"习近平总书记的告诫发人深省。广袤的基层，是党的方针政策最终落地的土壤，是广大党员干部干事创业的舞台。树立在基层一线解决问题的导向、培育求真务实的作风、形成实干苦干的氛围，我们就能为千千万实干者培厚土壤、洒播甘霖，而他们的辛勤耕耘，必然能在未来结出更扎实、更丰盈的收获。

《人民日报》（2019年03月27日 09版）

严格控制"一票否决"事项

——为基层减负,为实干撑腰③

人民日报评论部

矛盾有主次之分,事情有轻重之别。如果抓工作不分主次,什么工作都"一票否决",也就等于"票票否决",其效果必然大打折扣

将"考核压力"精准转化为"干事动力",该"一票否决"的,绝不含糊,同时要对滥用"否决"者否决,对随意"问责"者问责

"'一票否决'多得我几乎都记不清到底有多少了,只要有一项没做好,无论其他工作做得多好,一年都白干了。"对这种"一票否决"被滥用的现象,中办近日发出的《关于解决形式主义突出问题为基层减负的通知》明确提出,严格控制"一票否决"事项,不能动辄签"责任状",变相向地方和基层推卸责任。对基层的考核只有科学精准、务求实效,才能避免滥用"一票否决"的依赖症、避免责任推卸和激励扭曲,进而形成正向的传导机制。

"一票否决"不是一个筐,不能啥菜都往里装。本意来讲,它指

的是干部考核多项任务里，若有一项或某几项未完成，则认定为整体不合格。应当讲，这一倒逼机制有利于突出中心工作、确保政令畅通、夯实重大责任。但凡事过犹不及，据报道，有乡党委书记亲手签订20多份"责任状"，道路交通、森林防火、动物防疫一旦不达标，所有成绩都归零。这不仅背离了"一票否决"制的初衷，还涉嫌公权力的越界，令人头痛又无奈。不仅如此，一些地方和部门为了完成任务，搞"上有政策，下有对策"，浪费了行政成本和社会资源，更抵消了政策效力、助长了形式主义作风。

究其根源，"一票否决"被简单粗暴地滥用，本质上仍是形式主义和官僚主义在作祟。对治理者而言不够科学，对考核者却相对省事，一些存在"庸懒散"错误思想的领导干部，对此便特别推崇。"责任状"一签了之，出了事大不了"处理几个干部"，其实并没有真正地冲着解决问题去；貌似"动真"、仿佛"碰硬"，不过是为了追责而追责，挫伤了基层同志的工作积极性。正因此，去年10月，中办印发《关于统筹规范督查检查考核工作的通知》，明确要求对县乡村和厂矿企业学校的督查检查考核事项要减少50%以上，就是规范考核给基层减压。

矛盾有主次之分，事情有轻重之别。如果抓工作不分主次，什么工作都"一票否决"，也就等于"票票否决"，其效果必然大打折扣。这次《通知》严控"一票否决"的目的，就是为了将上级"考核压力"精准转化为下级"干事动力"，所以必须严格限定范围、严格实施程序，分清主次、轻重、缓急，尤其是让"过错"与"惩罚"相适应、相匹配，避免眉毛胡子一把抓、"责任状"满天飞，把宝贵的行政资源与干部精力"好钢用在刀刃上"。为此需要尽早明确列出"一票否决"的事项清单，比如对违反政治纪律等行为，统计数据造假、瞒报或谎报安全生产事故等行为，在环境保护和扶贫攻坚中不作为、不担当等行为，就是要以制度刚性确保党中央的决策部署不折不扣贯彻，力促基层干部集中主要力量"铆劲"落实。

在清理"滥用否决"之外，也要注重治理方式的精细化。一方面，除了明令禁止的、事关全局性、战略性任务的"否决清单"，不得再"私设"任何否决事项。另一方面，对于不再简单否决的任务，需要针对不同的工作类型、不同的责任性质、不同的错误程度，给出有针对性的处理办法，惩前毖后、治病救人。这其中，应当充分考虑基层干部权与责、能力与效果之间的关系，不搞生硬的"一刀切"，杜绝机械的"归功于上"或"诿过于下"。即便是各地各部门因地制宜的分解实施中，仍要注意贯彻好"三个区分开来"，调动好基层干部的干事创业积极性，发挥好他们身处一线创新创造的主观能动性。

基层减负年，重在抓落实。要严格按照中办《通知》要求，该"一票否决"的，绝不含糊、不打折扣；滥用"一票否决"的，要集中清理、坚决杜绝。对基层绩效考核机制要科学分类、优化改进，把握好"度"。对滥用"否决"者否决，对随意"问责"者问责，我们定能纠正偏差，在推进治理能力现代化的征程上，让那些为民、务实、清廉的新时代好干部暖心、安心，全身心扑在干事创业上。

《人民日报》（2019年03月28日　05版）

别让"责任状"成了"免责单"

——为基层减负,为实干撑腰④

人民日报评论部

> 破除形式主义顽症,需要厘清责任清单,让"权责要对等、有责要担当、失责必追究"成为共识
>
> 解决"责任状"满天飞等形式主义突出问题、为基层减负,目的在于激励广大干部担当作为、不懈奋斗

美其名曰"责任下沉",自己当起"甩手掌柜"——今年,基层治理中滥用"责任状"的乱象将被"靶向治疗"。中办不久前印发的《关于解决形式主义突出问题为基层减负的通知》明确要求,不能动辄签"责任状",变相向地方和基层推卸责任。

"责任状"本是抓工作落实的一种方法,意在分解任务、落实责任。然而在现实中,一些地方不管部署什么工作,都让下级签个"责任状",导致"责任状"满天飞。从森林防火到义务教育、道路安全、食品安全等等,一些地方的"责任状"一年下来多达60多份。以"责任状"传导压力,把自己本应承担的责任传递下去,显然与促进责

任落实的初衷不符，其本质是形式主义在作祟。

习近平总书记反复强调，"要把力戒形式主义、官僚主义作为重要任务""要聚焦突出问题、紧盯关键节点，下大气力解决'四风'问题"。今年是全面建成小康社会、实现第一个百年奋斗目标的关键之年，迫切需要激发全党特别是基层干部干事创业的积极性。而对基层来说，"责任状"满天飞等形式主义占用基层干部大量时间、耗费大量精力，成为困扰基层的一大顽疾，亟待破解。有鉴于此，此次《通知》将 2019 年作为"基层减负年"，致力解决基层干部深恶痛绝又深陷其中的形式主义问题。这既体现了中央对基层干部的深切关爱，也为基层减负提出了明确要求。

需要看到，"责任状"满天飞，源于形式主义带来的责任失序、权责失调。"事情多、任务重都能想办法克服，但只给基层规定责任而不赋予对等的职权，让我们很为难。"基层干部的心声提示我们，破除形式主义顽症，需要厘清责任清单，让"权责要对等、有责要担当、失责必追究"成为共识。责任的另一头是担当，传达任务、压实责任没有错，但绝不是简单地将责任一"签"了之。对上级部门来说，要科学合理划分任务指标，不能一味到基层念"紧箍咒"。以身作则，变"给我上"为"跟我上"，才能以上率下，将"层层甩锅"变成"层层发力"，把应该承担的责任不打折扣地完成好。

解决"责任状"满天飞等形式主义突出问题、为基层减负，目的在于激励广大干部担当作为、不懈奋斗。有基层干部坦言，"工作负担增重不说，责任'甩锅'也寒了我们的心。"形式主义导致的人浮于事、推诿扯皮、"劣币驱逐良币"等现象，必须坚决整改纠正。《通知》对此明确要求，切实保护干部干事创业的积极性，为担当者担当，为负责者负责。各级党组织要以清理不必要的"责任状"为抓手，认真履行主体责任，将工作重心落实到凝心聚力、干事创业上来，让基层干部轻装上阵，有更多时间和精力深入基层、为民办事。

进而言之，解决形式主义突出问题、为基层减负，也是为了给敢负责、勇担当的干部提供更加广阔的舞台。那些彼此心照不宣、虚晃一枪的"责任状"，浪费的不仅仅是纸张和费用，也浪费了干部干事创业的时间、污染了基层政治生态、损害了干部奋发有为的状态。通过健全选人用人机制，能够有效破除形式主义，让那些玩弄"套路"者无处遁形，让想干事、能干事、敢担当的优秀干部脱颖而出。中共中央日前印发了修订后的《党政领导干部选拔任用工作条例》，要求"大力选拔敢于负责、勇于担当、善于作为、实绩突出的干部"，也是基于同样的考虑。

习近平总书记强调，"担当大小，体现着干部的胸怀、勇气、格调，有多大担当才能干多大事业。"进一步祛除各种形式主义，才能激励和鞭策更多干部负责任、勇担当，凝聚形成奋发有为、干事创业的强大合力，成就更大事业。

《人民日报》（2019年03月29日　05版）

"问责"也要"负责"

——为基层减负，为实干撑腰⑤

人民日报评论部

通过强化责任追究，约束不作为、整治乱作为，从而唤醒责任意识、激发担当精神，这才是问责的价值指向

以法纪为准绳严肃问责，以事实为依据规范问责，以问题为靶心精准问责，以容错为原则慎重问责，才能起到问责一个、警醒一片的功效，才能克服"多干多错、不干不错"的心态，才能激发担当尽责、奋发有为的精神

"正确对待被问责的干部，对影响期满、表现好的干部，符合有关条件的，该使用的要使用""保障党员权利，及时为干部澄清正名，严肃查处诬告陷害行为""改进谈话和函询工作方法，有效减轻干部不必要的心理负担"……中办近日发出的《关于解决形式主义突出问题为基层减负的通知》，专门拿出一个部分，强调完善问责制度和激励关怀机制，着力解决干部不敢担当作为的问题。这既是对"问责"的正本清源，也是对"负责"的鲜明号召。

动员千遍，不如问责一次。依规治党、依法治国，问责是一个有力抓手。党的十八大以来，从强化问责工作、落实"两个责任"的改革创新，到巩固实践成果、扎紧制度笼子的立规创举，我们党把问责作为管党治党利器，先后对山西塌方式腐败、湖南衡阳破坏选举案、四川南充和辽宁拉票贿选案、陕西秦岭北麓违建别墅问题等严肃问责，问责不主动、追责不给力的现象大为减少，失责必问、问责必严成为常态，有力推动了管党治党从宽松软走向严紧硬，也让"有权必有责、有责要担当、失责必追究"逐渐成为普遍共识。

与此同时，由于对中央精神和党内法规学习不透彻、领会不深刻，问责泛化简单化的现象时有发生。比如，4分钟内因没能及时接听脱贫攻坚巡查组电话，扶贫干部被公开通报"给予党内警告处分"；扶贫手册中写错两个标点符号，被通报批评……这些执纪简单化、问责粗线条甚至乱问责、错问责、问错责的问题，虽然事后相关处理被撤销，却也造成了一些不良影响。特别是，类似"躺着中枪"的职能式问责、"刚播种就要收获"的计时式问责、只为舆情降温的灭火式问责、对困难不闻不问的机械式问责，不仅会挫伤基层干部的积极性，也无形之中削弱了问责的权威性。

问责只是手段，负责才是目的。通过强化责任追究，约束不作为、整治乱作为，从而唤醒责任意识、激发担当精神，这才是问责的价值指向。正因如此，《通知》指出，"坚持严管和厚爱结合，实事求是、依规依纪依法严肃问责、规范问责、精准问责、慎重问责，真正起到问责一个、警醒一片的效果。"如果说，问责是一把戒尺，那么用好这把尺子既要讲规则，也要讲艺术，既要讲政策，也要有温度。从此前要求运用好监督执纪"四种形态"，到这次要求"严肃、规范、精准、慎重"问责，都体现了严管和厚爱、约束和激励的辩证统一，既是对党和国家事业的真诚担当，也是对党员干部的真正负责。

换句话说，问责也是一把手术刀，其威力不仅在于刃之锋利，更在于术之高超。认真领会贯彻《通知》精神，以法纪为准绳严肃问责，以事实为依据规范问责，以问题为靶心精准问责，以容错为原则慎重问责，才能起到问责一个、警醒一片的功效，才能克服"多干多错、不干不错"的心态，才能激发担当尽责、奋发有为的精神。"为担当者担当，为负责者负责。"由此可以理解，为何《通知》明确要求，把"三个区分开来"的要求具体化，正确把握干部在工作中出现失误错误的性质和影响，切实保护干部干事创业的积极性。

习近平总书记强调："干部就要有担当，有多大担当才能干多大事业，尽多大责任才会有多大成就。"我们的权力是党和人民赋予的，是为党和人民做事用的，只能用来为党分忧、为国干事、为民谋利。坚持权责一致、严格问责，坚持层层负责、人人担当，为基层干部担当作为撑腰，为干事创业者设置"减压阀"，我们就能为基层治理注入源源不断的正能量。

《人民日报》（2019年04月01日　05版）

锻造"严紧硬实"好作风

周 霁

习近平同志今年4月视察湖北时，对湖北提出了"四个切实"的殷殷嘱托。其中，就切实加强作风建设明确强调，"要把力戒形式主义、官僚主义作为加强作风建设的重要任务，大力弘扬真抓实干作风，推进工作要实打实、硬碰硬，解决问题要雷厉风行、见底见效，面对难题要敢抓敢管、敢于担责。"宜昌市委在湖北省委领导下，牢记嘱托，不断奋进，以永远在路上的坚韧和执着，深入开展"转作风抓落实"正风肃纪活动，着力锻造"严紧硬实"好作风。通过持续加强作风建设，营造风清气正的干事创业环境，推动全市呈现出结构趋优、质量趋优、服务趋优、环境趋优的高质量发展良好态势。

坚持对标看齐，增强作风建设自觉性。切实提高政治站位，树牢"四个意识"，坚定"四个自信"，做到"两个维护"，不断增强推进作风建设的思想自觉和行动自觉。一是对标定位。深入学习贯彻习近平同志考察长江、视察湖北时的重要讲话精神，聚焦长江大保护、推动高质量发展两大目标，坚持把作风建设有机融入日常工作之中，以作风建设"大力度"催生高质量发展"加速度"。二是对标示范。领导干部充分发挥"头雁效应"，坚持身体力行、以上率下，一级带着一级干、一级做给一级看，以"关键少数"引领绝大多数，立标杆、作表率。三是对标纠偏。坚决贯彻执行党中央、省委关于落实中央八项规定精神、大兴调查研究之风等作风建设的重大部署，大力践行"一线工作法"，持续推进去形式化、整治文山会海，坚决同"四风"问题特别是形式主义、官僚主义作斗争。

坚持正风肃纪，增强作风建设实效性。加强作风建设不能只作一般原则性的强调，必须坚持问题导向，给纪律作风划出红线，这样才能见效生威。一是查问题知不足。集中开展"转作风抓落实"专项整治，紧盯安全生产、生态环保、脱贫攻坚、信访维稳、转型发展等重点领域、重点岗位、重点人员，全面彻底排查单位和个人作风上的突出问题，确保到边到底、不留死角。二是严查处强震慑。以"六个坚持、六个严禁"划定作风红线，对作风建设典型问题实行提级调查和顶格处理，强力追责问责。三是顺民心办实事。深入实施老旧小区改造、菜市场改造、公共停车场建设3个"三年行动计划"，完成老旧小区改造187个，改造提升菜市场46家，新增道路泊位5800个，用服务群众的成果检验作风建设的成效。

坚持抓常抓长，增强作风建设持久性。改进作风要常抓不懈、久久为功，以小切口推动大转变。一是勇拔作风弊病之苗。牢记习近平同志关于全面从严治党的谆谆告诫，围绕打赢"三大攻坚战"，力戒不担当、不作为、慢作为、乱作为、假作为，严肃查处扶贫领域的腐败和作风问题；紧盯重要时间节点，紧盯"四风"隐形变异、改头换面新动向，紧盯国有企业、二级单位、基层站所等薄弱地带，扭住不放、寸步不让，管出习惯、化风成俗。二是快铲"四风"滋生之土。集中开展"小金库"清理整治和形式主义、官僚主义专项整治工作，深入开展作风问题专项巡察，严肃查处一批突出问题。

今年以来共查处违反中央八项规定精神问题 136 个，处理 164 人，给予党纪政务处分 150 人，通报曝光典型问题 142 个。三是扎紧织密制度之笼。建立健全以市委关于改进工作作风密切联系群众的实施意见为主体的"1+N"制度框架，重点针对公务接待、会议管理、机关事业单位财务管理、国有企业负责人履职待遇和业务支出等环节，督促相关部门制定实施一系列规章制度，用制度管人管权管事。

坚持双向发力，增强作风建设激励性。破解发展难题，推动高质量发展，需要树立重实干重实绩导向，鲜明亮出干部担当作为的标尺。一是突出严管厚爱。严是爱、宽是害。坚持严格干部监督管理，让"咬耳扯袖、红脸出汗"成为常态。重拳整治"为官不为"的庸官懒官，对 39 名熬资历、不作为的干部进行问责。重视正向激励，先后有 83 名年逾 50 岁的"老黄牛"型干部获得提拔重用或优先解决职级待遇。二是坚决贯彻落实"三个区分开来"。坚持崇尚实干、鼓励创新，正确对待干部在干事创业中出现的失误和偏差，为敢于担当、踏实做事、不谋私利的干部撑腰鼓劲，引导干部把心思放在"干实事"上、把作风转到"快干事"上、把能力用在"干成事"上。对 725 件反映党员、干部问题的线索予以了结，及时澄清是非；对受处分的党员、干部帮助其改正错误、卸下包袱，尽快归队入列。三是树立事业为要的用人导向。坚持正确选人用人导向，制定出台关于激励干部干事创业的意见，从机制活力、工作本领、资源配置、考核评价、治庸促下等方面激励干部干事创业，着力打造"工匠 + 猛将"型干部队伍。今年以来，对推动绿色发展、转型跨越实绩突出的 192 名干部予以提拔重用。

《人民日报》（2018 年 12 月 13 日　07 版）

减负不减责,潜心干事业

郭光文

"亿万千百十,皆起于一。"基层是国家治理的地基,基层党员干部的状态如何、担当是否有力,关乎治国理政的最终效果。

在"着力解决党性不纯、政绩观错位的问题"上深挖思想根源,在"着力解决文山会海反弹回潮的问题"上制定刚性指标,在"着力解决督查检查考核过多过频、过度留痕的问题"上采取过硬措施,在"着力解决干部不敢担当作为的问题"上综合施策……连日来,各级各地都在抓紧落实《关于解决形式主义突出问题为基层减负的通知》,破除文山会海、任性问责、频繁检查、"精准填表"等形式主义、官僚主义问题,树起减负不能减责、激励担当作为的实干导向,让广大基层干部倍感振奋鼓舞。

减负不减责,彰显了有权必有责、权责相统一的要求,也体现出党中央高度重视基层工作和为基层松绑减负的决心。党中央决心解决形式主义的突出问题,为基层减轻负担,根本目的就是要把基层干部从形式主义的文山会海中解放出来,从名目繁多的痕迹管理中解脱出来,从过多过频的督查检查中解救出来,把更多时间和更多精力用到干事创业和为民服务上去。发乎心者情必专,用心一者技必良。基层干部全神贯注干工作、心无旁骛做服务，各项政策方针落地生根就有了最有力的抓手，从而更好地增进人民群众的幸福感和获得感。

减负不减责，回应了人民群众期盼排忧解难和渴求优质服务的强烈愿望。当前，我国正处在全面建成小康社会的决胜期和打好三大攻坚战的关键阶段。基层干部不仅处在各项工作落实的"最后一公里"，而且承担着许多为民排忧解难的"一线硬任务"。在这种情况下，基层干部唯有减负不减责，急群众之所急，想群众之所想，才能不断满足人民日益增长的美好生活需要。

对基层干部而言，减负不减责意味着必须坚持事业为重、为民至上，激发建功立业的热情、报效党和人民的干劲。长期以来，广大基层干部奋斗在第一线，风里来、雨里去，晴天一身汗、雨天一身泥，立下了汗马功劳。给基层干部更多的信任、关爱，为能担当、善作为、敢改革者保驾护航，允许试错、宽容失败、鼓励重来，才能增强基层干部扎根基层、安心干事的动力。设立"基层减负年"，把为基层干部减轻负担作为反对形式主义的突出问题来抓，实现了"政治上关注、思想上关怀、工作上关爱、生活上关心"的具体化、可操作化。

习近平总书记强调，"有多大担当才能干多大事业，尽多大责任才能有多大成就"。一个干部好不好，很重要的一条是看有没有责任感，有没有担当精神。把权责对等内化为思想认知，把实干担当体现到行动实处，勇于挑最重的担子，敢于啃最硬的骨头，善于接最烫的山芋，基层干部一定能闯出一片蓝海，干出让党和人民满意的事业。

《人民日报》（2019年04月09日　04版）

实干兴业

陈垂培

干工作最忌做虚功、出虚招。但从前一段中央纪委公开曝光的案例看,"照搬照抄上级文件下发工作方案""对解决群众反映强烈问题不担当不作为、消极应付""对工作不抓落实、只当'二传手'"等等,这类虚假落实现象仍然屡见不鲜、屡禁不止。

前两年曾有一位基层干部反映,他所在的乡镇落实上级部署的一项硬指标就是出台本级贯彻落实文件,"平均一个工作日出台一项改革成果"。从一些地方、单位和部门的实际情况看,有的好作"虚文",宁可在汇报稿上字斟句酌,也不愿意到实地调查研究;有的单位好张"虚势",大事小事都搞启动仪式、开动员会、签责任状、开新闻发布会,表面上搞得轰轰烈烈,实际工作效果却少有人过问;有的单位好求"虚效",刚刚接到工作任务就琢磨怎么撰写工作报告,刚刚进行工作部署就着手总结经验。凡此"纸上落实",皆表态多调门高、行动少落实差,实质上都是形式主义、官僚主义。

必须看到,"纸上落实",不仅使好政策在纸上空转,导致行政资源的极大浪费,损害群众的切身利益,更带坏了风气。如此下去,便会进入恶性循环,谁来抓落实,谁来真干事?

从本质上看,"纸上落实"还是一种不担当、不作为的表现,一事当前不是深入实际、深入基层解决问题、化解矛盾,而是写个报告交差了事,其结果是"问题在纸面上都已解决,实际工作却始终徘徊不前",群众诟病的"小事拖大、大事拖炸"就是这么来的。而从一些公开的违纪违法案件看,一些问题之所以久拖不决、久落不实,一个重要原因还在于其中关涉利益,甚至存在腐败问题。

宋人陆九渊云,"千虚不博一实。吾平生学问无他,只是一实。"为学如此,干事更应如是。一篇篇措辞优美的工作总结,一份份装订精致的汇报材料,不如踏踏实实为群众办一件件实事。焦裕禄、谷文昌真心为群众办事,以他们实实在在的业绩在老百姓心中立下不朽的丰碑。"纸上得来终觉浅,绝知此事要躬行",对于上级部门来说,检查工作也应转变方式,"不受虚言,不听浮术",少整点材料,多些实地调查;对于下级单位来说,落实工作要转变观念,"不采华名,不兴伪事",不要闭门造车、纸上谈兵,而要扎根基层、真抓实干。实践表明,一正风肃纪动真格,问题解决就势如破竹。前不久修订的《中国共产党纪律处分条例》明确规定,"单纯以会议贯彻会议、以文件落实文件,在实际工作中不见诸行动的",造成严重不良影响,将视情节轻重给予不同程度的党纪处分,这给务虚功者敲响了警钟。

天下事,以实则治,以文则不治。中华民族伟大复兴,绝不是轻轻松松、敲锣打鼓就能实现的。事业要的是实实在在的成果,群众要的是真真切切的获得感。抓工作、出政绩、干事业,关键都在"实"。除此而外,别无他途。

《人民日报》(2019 年 04 月 01 日 04 版)

当好新时代的答卷人
不断提升工作精气神

李先乔

引导广大干部保持积极精神状态、养成良好个人心态、保持实干工作姿态，不断提升工作精气神，在各自岗位上披荆斩棘、攻坚克难。

党的干部是党的事业的骨干。习近平同志强调，"要充分调动广大干部积极性，不断提升工作精气神。干部干部，干是当头的，既要想干愿干积极干，又要能干会干善于干，其中积极性又是首要的。"提升工作精气神，需要从干部的精神状态、个人心态和工作姿态入手，大力营造风清气正的政治生态和积极向上的干事创业氛围，激励广大干部在各自岗位上披荆斩棘、攻坚克难，当好新时代的答卷人。

保持积极精神状态。积极精神状态是做好一切工作的重要前提。如果精神懈怠，总想松口气、歇歇脚，党和人民的事业就不可能顺利向前推进。广大干部只有始终保持积极精神状态，才能充分激发自身潜能、智慧和才干，高标准、高质量、高效率地完成各项工作任务。让干部队伍保持积极精神状态，一要大力弘扬愚公移山精神，激励广大干部在改革发展稳定重任前做到越是艰难越向前、不达目的不罢休；二要大力弘扬改革开放精神，激励广大干部敢闯敢试、开拓进取，始终保持不甘落后、积极进取、勇于创新的激情、决心和信心；三要大力弘扬工匠精神，激励广大干部干一行、爱一行、精一行，严谨认真、精益求精、追求卓越，争当本职工作的行家里手。

养成良好个人心态。全面深化改革进入攻坚期和深水区，改革发展稳定任务之重前所未有，矛盾风险挑战之多前所未有，对党治国理政考验之大前所未有。当前，面对艰巨繁重的工作任务，大部分干部能够保持积极健康的心态，化压力为动力。但也有个别干部工作动力不足，存在"不想为""不敢为"的状况，一些干部甚至存在"多干多错、少干少错、不干不错"的消极心态。这些消极心态严重影响改革的推进、工作的落实。让这些干部丢掉思想包袱，养成良好个人心态，就要教育引导他们正确处理遵规守纪与担当作为的关系，以进取之心对待事业。对于党组织，干部应有感恩心态。党组织为干部提供了干事创业的广阔舞台，如果身在其位而不作为，庸政、懒政、怠政，就愧对党和人民的信任和重托。对于个人得失，干部应有平和心态。干部无论从事什么工作，本质上都是在为人民服务，要正确看待公与私、得与失。

保持实干工作姿态。空谈误国、实干兴邦。伟大梦想不是等得来、喊得来的，而是拼出来、干出来的。作为干部，必须牢记干字当头，保持实干工作姿态。保持实干工作姿态，就要抢抓机遇、雷厉风行，围绕既定目标狠抓落实，做到说了就算、定下就干、干就干成；必须甘于寂寞、乐于奉献，把责任扛在肩上、把工作抓在手上，在急难险重任务面前，在连续作战的情况下，不怕吃苦、不怕吃亏，不计得失、任劳任怨；必须扑下身子，从小处着手、从基础抓起，不说大话、不好虚名，撸起袖子加油干，下足"绣花功夫"精准干。广大干部要用实干工作姿态彰显新时代干部工作的精气神，书写奋斗拼搏的新篇章。

《人民日报》（2019年01月15日　09版）

"留痕"莫若"留心"

陈 杏

近来,"痕迹管理"出现在不少基层。一些地方召开会议时,会拍下显示会议主题及名称的电子屏幕,成为展示该项工作的"痕迹"。然而,在个别地方出现了这样一种现象:为凑齐多项"工作痕迹",在会议结束时,多次更改显示屏上的会议名称,台上的电子屏变成了"跑马灯"。为保证影像资料更加"真实",参会人员往往还会被留下"摆拍"。

一场会议包含多个主题,本无可厚非。但是,会议结束时的"一屏多用",显然仅仅是为了"留痕"。仅以会议标题的更换代替多项工作的研究讨论和贯彻落实,执行效果可想而知。

要看到,显示屏变为"跑马灯",固然是浮于表面、沦为应付的形式主义作祟,但追本溯源,在"搞形式"的背后,有着基层难以纾解的无奈。这类现象虽出现在基层,但根源并非总是在基层。

在基层,时常会听到这样的抱怨:"每天不是在开会,就是在去开会的路上。"开会部署工作是必要之举,但造成基层干部被各种各样的会议"围困",则是本末倒置。面对多项工作同抓共进的要求,面对时间紧、任务重、人手少的困难,一些基层单位推动工作落实已倍感吃力,还要保障各项工作"完美留痕"以应对各种检查评比。在这种情况下,也就难免出现显示屏沦为"跑马灯"等怪现象。

在改革发展稳定任务繁重的当下,诸多难题亟须党员干部拿出魄力、撑起担当、走在前列,尤其是广大基层干部,更是改革发展进程中的中流砥柱。党的各项方针政策,上级的各项部署要求,都需要基层干部点对点地钻、实打实地干。但倘若基层干部的行事作风被"留痕"而不"留心"的形式主义所沾染,再有力的举措也难以在基层落地生根,再热切的期盼也只能在服务群众的"最后一公里"中落空。

推进基层工作有序、有效、有力开展的动力源在基层干部的脚下,而不在"频频换台"的屏幕上。不论时代如何发展,不论情况如何复杂,党员干部都应时刻对各种"衍生式"的新形式主义保持警惕,真正用实干有为在百姓的心中留下"痕迹"。

根治显示屏变为"跑马灯"的形式主义,关键要深化基层作风建设,革新基层治理观念。让该开的、必要的会议最大程度地发挥作用,对不该开的、冗余的会议要坚决精简,实实在在地为基层"减负"。将基层干部从"文山会海"的捆绑中解放出来,从简单粗暴的"留痕管理"的束缚中脱离出来,拿出精力、放开手脚,更加踏实、自信、坚定地为我们的事业稳步发展凝聚最强大的能量。

(摘编自 10 月 19 日《陕西日报》,原题为《莫让显示屏变成"跑马灯"》)

《人民日报》(2018 年 10 月 26 日 05 版)

痕迹管理可以有,"痕迹主义"不能要

郑 闻 晨 莹

"现在'痕迹管理'比较普遍,但重'痕'不重'绩'、留'迹'不留'心'。"习近平总书记在中共中央政治局第十次集体学习时的讲话,切中"痕迹主义"的弊端。

科学适度的痕迹管理,是检验过程真伪、提高工作质量的有效途径。然而,痕迹管理发展为"痕迹主义",显然背离了初衷,异化为形式主义、官僚主义的新变种,让基层苦不堪言。

"痕迹主义"有多严重?一位基层干部说得真切:"过去一年,光领导讲话内部通报发了100多期,各类会议纪要发了八九十期,这还不算各种综合汇报、专题汇报、调研简报……特别是今年以来,领导开口就要有记录,开会就要出纪要,调研就要有微信,会议就要有传达,'凡事留痕'已然成了常态。"

做工作,当然会留下痕迹。但"痕"只是表象,真正重要的是实绩。正如泰戈尔有诗云:"天空没有留下鸟的痕迹,但我已飞过。"因为没有痕迹,就能说大雁没有从天空飞过吗?过去有一句话叫"只问结果,不问过程",固然偏颇,但过于重视过程,不管绩效如何,恐怕也是矫枉过正。

进而言之，考察一个干部，其显在的痕迹、看得见的绩效固然重要，但更重要的是内在的心迹和潜绩。有一副对联流传很广泛："百善孝为先，原心不原迹，原迹贫家无孝子；万恶淫为首，论迹不论心，论心世上少完人。"这话不完全对，但对"迹"和"心"的关系倒是说得比较辩证。对于共产党人来说，"为官一任，造福一方"，辛勤耕耘，留下政绩，于己于人都是好事。但也要有"功成不必在我"的心理准备，对那些打基础、利长远的事，尽管千辛万苦，很可能一时留不下什么痕迹，显不出什么绩效。对于上级部门来说，就不能简单地查痕迹、看绩效，而应该问口碑、看长远。

"痕迹主义"之所以盛行，根源在于有的部门对中央精神理解不透，机械执行。有人反映，现在各级各口的督察、检查、巡查接踵而至，样样都要看记录、查文件、找"留痕"，一旦发现所谓的"痕迹断档"或"留痕缺项"，就要通报甚至问责，导致基层事事都要开个会、留个记录以备查。正如习近平总书记所说，"这些问题既占用干部大量时间、耗费大量精力，又助长了形式主义、官僚主义"，真真是急死人、害死人！

"矜伪不长，盖虚不久"。期待各地区各部门各方面抓好落实，真正把干部从一些无谓的事务中解放出来。

（摘编自 11 月 28 日《湖南日报》）
《人民日报》（2018 年 11 月 30 日　09 版）

责任书不能成为一纸空文
落实责任书需要责任心

刘 希 邵纪暄

签订责任书是为了更好落实责任，落实责任书必须有责任心。签订过多形式大于内容的责任书，也是一种形式主义。

为了明确责任、更好完成任务，将工作分解细化，逐级签订责任书，将责任具体到人，不失为一种好的工作方法。然而，一些单位签订责任书过多，往往导致形式大于内容，结果是责任书成了纸上的责任，挂在墙上、说在嘴上，却难以落实到实际行动上。签订责任书的目的是为了更好落实责任，而落实责任书必须具有责任心。

事无巨细，件件签订责任书，就有可能让一些干部分不清任务的轻重缓急，胡子眉毛一把抓，工作往往处于被动应付状态。久而久之，有的干部就会认为，既然上面用责任书来落实责任，我们也不妨用责任书来落实上面的要求。更有甚者，将自己职责内的工作通过责任书层层传递下去，把责任书当成"挡箭牌"。还应看到，责任书过多容易助长形式主义。必要形式不可少，形式主义不可有。有的单位签订责任书只不过是走走过场，做做表面文章，一签了之。

事后既没有考核检查，更没有落实到位。即便有检查也是走马观花、敷衍了事，问题得不到真正解决。时间长了，责任书上落满灰尘，有时甚至连自己都找不到。

纵观党的十八大以来全面深化改革的历程，担当、落实是高频词，也是解决问题的关键所在。习近平同志强调，要发扬钉钉子的精神，切实把工作落到实处。签订责任书是为了将责任落实到人，推动工作落细落小落实。因此，签订责任书要务实，该签的必须签，不该签的则不签。有些责任书也需要"减肥瘦身"。那些彼此心照不宣、虚晃一枪的责任书，变味走样，起不到任何积极作用，无非是多浪费一些纸张、多开支一些会议费用、多牺牲一些干部干事创业的时间，必须坚决整改纠正。只有让过滥的责任书减下来，干部才能轻装上阵，有更多时间和精力深入基层、为民办事。

责任书不能成为一纸空文，有责任不落实必须追究责任。这既是督促责任落实，又是强化责任心。让责任书真正发挥作用，就要让责任人感到压力，意识到落实不好责任就要受惩罚、挨板子。对因缺乏责任心、责任落实不到位造成严重后果的，要依法依规予以惩处。板子只有打到具体人身上，责任书的严肃性和权威性才能真正立起来。要大胆管，以追责倒逼担当。还要定期检查，依靠严格的制度规定，通过定期检查考核，激发干部履行职责的积极性主动性创造性，使责任书的威严真正得以体现。每当年终岁末，各单位不妨拿出年初制订的责任书，逐项查对，看看究竟落实得如何。

责任心是干好工作的前提，有了责任心，思想上重视，行动上自觉，工作效率就会提高。领导干部有没有责任心尤为关键，要率先垂范、信守承诺,做到责任面前不推诿、任务面前不退缩、困难面前不回避。领导干部信心足、干劲大,干部群众自然热情高、斗志旺。长期坚持下去,就没有战胜不了的困难。

《人民日报》(2019年02月13日　09版)

治治"身不由己"的形式主义

张远晴

对待形式主义,要用好二分法,区别"少数"和"多数",区别"局部性"和"系统性"

几天前,一位在某县挂职的朋友谈起自己经历的一件事,说某天晚上8点多来了一个电话,通知在第二天12点之前,摸清全县某某行业的生产情况。但即使牺牲睡觉时间,通宵达旦摸排,也不可能完成任务。上级指令就在那,第二天非交差不可。怎么办?可想而知。其实,这样形式主义的检查在基层并不罕见,比如有媒体报道,某地扶贫搞"填表工程",一年迎检5回,每回花销20万元;一个乡迎接检查光打印材料就花了10多万……正如朋友所言,形式主义让基层苦不堪言。

有人说,形式主义不是让"群众满意",而是让"领导注意"。这就好比是一场演出,台上的演员是基层干部,鼓掌的观众是上级领导。演得好不好,台上台下说了算。而群众只有围观的份,还没有喝倒彩的权利。不过,如果所有演员和观众都毫无愧色、乐在其中,那打多少板子都不为过。但这些身处其中的基层干部真的乐意吗？无论是朋友的倾诉，还是网上各种基层干部的"吐槽"，表现出的更多都是"无奈"。虽然心里痛恨，但实际工作中却常常身不由己。这样的现实，不得不令人深思。

基层工作点多线长面广，大事小情本就忙碌。而在"属地管理"的名义下，不少原本由上级部门担负的职责也纷纷推卸给基层。基层责任与事权之间的落差，成为基层治理中不得不面对的尴尬。而事权一时难以扩大，责任却可以在短时间内层层加码。一个政策上层动员、地方传达，到了基层，只能真刀真枪解决实际问题。一个考核上层部署、地方细化，到了基层，也只能老老实实填表签字。基层一方面承受来自上级的任务和考核压力，一方面又要直面社会矛盾，承受来自百姓的压力。而现在基层考核往往是"一票否决"，综治维稳、安全生产、防火防汛、临时性重点工作等，都是基层干部所有成绩前面的"1"，轻则扣"票子"，重则"摘帽子"。

这种责任下移、层层加码的做法常常导致基层落实中的高度紧张。比如运动式行政，动不动就限期多少天完成任务。有些任务的确可以加把劲完成，但如果只是出于政绩冲动，罔顾事物发展的客观规律，那政策制定在源头就埋下了错误的种子，再经过系统层层传导，结果就是错误的层层放大。所以，在动不动"摘帽"的压力下，基层只能被迫打乱工作节奏，应付上级任务，这也就容易催生基层的乱作为和形式主义。

不可否认，基层有一些作风虚浮者，但也出了很多好干部，而更多的是想干事、想干好事的普通干部，这些人是基层的"大多数"。当这些干部一边抱怨形式主义，一边身不由己搞形式主义的时候，我们应该警惕，形式主义的问题不是个别人的坏作风，必须在整个执行系统中做"全面体检"：是政策的制定脱离实际，不符合客观规律？还是政策在落实过程中没有掌握好节奏？或是在执行过程中被某些人曲意逢迎、恶意歪曲？这几种情况产生的形式主义，主体责任方都不同。

习近平总书记强调："充分认识形式主义、官僚主义的多样性和变异性，摸清形式主义、官僚主义在不同时期、不同地区、不同部门的不同表现。"形式主义表现多样，成因复杂。仅仅靠一纸文件层层转发，或揪几个基层典型"杀鸡儆猴"并不能根除。对待形式主义，一棍子打死容易，卸责甩锅方便，但这都不是对待基层干部应有的态度。我们要用好二分法，区别"少数"和"多数"，区别"局部性"和"系统性"，因为，整治形式主义也需要精准化。

《人民日报》（2018年01月03日　05版）

激励更多干部担当作为

马祖云

一年之计在于春。把蓝图变成现实、将愿景化为实景，说到底要靠踏实奋斗。

伟大事业都始于梦想、基于创新、成于实干。我们常说，开路看先锋，群众看干部；干部干部，干字当头。前不久，中办发出《关于解决形式主义突出问题为基层减负的通知》，明确提出将2019年作为"基层减负年"，就是要以管用举措为基层减负、促干部实干。以此为契机，激发干部干事创业的热情，激励更多干部担当作为，就能激活改革创新的一池春水，汇聚共同前行的强大力量。

让干部奋斗有动力。新时代是奋斗者的时代，事业因奋斗而成功，干部靠奋斗而成长。没有奋斗动力的人生，如同缺乏生机的原野；没有奋斗动力的事业，就像失去引擎的航船。"不用扬鞭自奋蹄"的内生动力，根源于圆梦信念，这是干部干事创业之基、积极作为之本。干部坚定筑梦圆梦的信念，才能不断蓄积敢为人先、勇立潮头的闯劲，领头奔跑、冲锋陷阵的拼劲，砥砺奋进、百折不挠的韧劲。奋斗因梦想而激发，惟其梦想伟大，方有奋斗动力；惟其动力充沛，方能书写奇迹。

为干部担当添助力。"风云起乃期猛士,鼙鼓动而思良将"。改革开放以来,我们的国家之所以能发生翻天覆地的巨变,靠的是一大批担当作为的实干家,也离不开党的政策扶持、上级撑腰鼓劲。如今,方此船到中流浪更急之时,改革攻坚需要更多"李云龙式"的干将。在《亮剑》中,李云龙智勇双全、能征善战,但也因敢为捅了一些娄子。这就呼唤上级勇于为担当者担当,善做下属尤其是基层"李云龙们"的后盾。当他们创业有为时,给予掌声鼓励;在攻坚遇阻时,及时雪中送炭;遭遇挫折时,打开容错空间。用关爱抚慰担当者的心灵,拿政策坚定奋斗者的决心,才能助力干部保持锐气,争当开疆拓土的闯将、英勇善战的干将。

促干部进步增引力。选人用人是风向标,也是激励干部作为的指挥棒。有基层干部说:这激励那激励,用好干部最给力。用准一个人,激活一大片;用错一个人,则挫伤一大批。把握好这一用人的"蝴蝶效应",需要瞄准好干部"五条标准",以忠诚论党性、以实干论英雄、以实绩论奖赏,树立想作为、敢作为、善作为的鲜明导向。需要倡导实践历练,鼓励干部到吃劲的岗位练能力、挑繁重的担子练肩膀、去艰险的环境练胆识,烧旺淬炼人才的熔炉。需要选贤任能,重用"脚上沾泥"的、"真材实料"的、"久经沙场"的,真正让吃苦的吃香、优秀的优先、有为的有位、能干的能上。

"给钱给物,不如给个好干部"。奋进新征程,让一大批忠诚干净担当的好干部脱颖而出、坚毅笃行,有干劲、有奔头,我们就能激发筑梦的强大动力,实现更加美好的蓝图。

《人民日报》(2019年04月02日 04版)

坚决反对形式主义

晁 仁

世界上的事物，都会以一定的形式表现出来。但如果只注重形式，不注重本质和内容，把形式本身看成结果，热衷于追求形式，那就把形式的作用夸大到不恰当的地步，堕落成形式主义了。马克思说过，"如果形式不是内容的形式，那么它就没有任何价值了。"今天，我们党把形式主义列为"四风"之首。可见，它是长期以来影响党的先进性、弱化党的纯洁性的一大破坏因素。

形式主义在一些党员、干部中表现得相当严重。比如，检查工作前先给下面打招呼，领导来基层调研时安排个"经典线路"，往政绩材料里注水……种种表现不一而足。这些表现的共性是"虚"字当头、"空"字挂帅，净搞一些花团锦簇、虚头巴脑的花架子，场面上轰轰烈烈，实际上空空洞洞，中看不中用。你看他忙得不亦乐乎，却根本没动脑筋、毫无成效，不是在层层抓落实、层层解决问题，而是在层层表态、层层开会、层层造势。还有的人并不在意工作实绩，不关心群众利益，只想在屏幕上亮相、媒体中出名、领导前挂号，博取虚声空名，谋求个人私利。这些都是革命斗志衰退、宗旨意识淡漠、个人私心杂念作祟的表现。为了有效防范形式主义的危害，我们必须从思想上、政治上认清其实质。

形式主义与党的思想路线背道而驰。它不从实际出发，单从表面上、形式上去估量情况，只讲一般原则、提空洞要求，却不拿出正确、管用的办法。这严重背离了解放思想、实事求是、与时俱进、求真务实的思想路线。中国特色社会主义是干出来的。不干，半点马克思主义都没有，我们的事业也不可能取得任何成就。只有那些丧失党性原则、不思进取的人，才会泡在形式主义的忙碌中，大张旗鼓地做样子，浑浑噩噩地干工作。

形式主义背离党的群众路线。只有扑下身子深入群众，着力解决群众反映强烈的突出问题，才能确保党中央的决策部署落地生根，巩固党同人民群众的血肉联系。敲锣打鼓、虚张声势，搞劳民伤财的形象工程、沽名钓誉的政绩工程，严重背离了党的群众路线。不为群众办实事、谋实利，不只会让各方面工作垮下来，而且会在群众中造成不良影响，为群众所痛恨，损害群众的积极性和党的威信，削弱群众对党的信任。

在实际工作中，形式主义者哗众取宠、弄虚作假，上骗组织、下欺群众，拿工作当演戏，是党性不强、思想不纯、政治动摇的表现。因此，考验党员、干部"四个意识"强不强，维护核心坚决不坚决，对组织是一条心还是半条心，政治究竟过硬不过硬，一个重要方面就是看能不能克服形式主义，能不能坚定自觉地把以习近平同志为核心的党中央决策部署落到实处，把践行"三严三实"贯穿于全部工作生活中。

反"四风"的成绩来之不易，风清气正的党内政治生态来之不易。习近平同志告诫全党，不要忘记我们是共产党人，我们是革命者，不要丧失了革命精神。我们要把新时代坚持和发展中国特色社会主义这场伟大社会革命进行到底,把党建设得更加坚强有力,就要以革命的精神和斗志去腐肌、割病疮,持之以恒克服"四风"新表现,坚决把形式主义清除出去,维护组织纯洁,净化党风政风。

《人民日报》(2018年02月27日 07版)

坚决反对官僚主义

步 超

不要忘记我们是共产党人，我们是革命者，不要丧失了革命精神。在学习贯彻党的十九大精神研讨班开班式上，习近平同志的谆谆告诫再次提醒我们，共产党人不是要做官，而是要革命，必须以自我革命精神坚决反对和克服包括官僚主义在内的各种错误思想和作风。

列宁曾说，如果说有什么东西会把我们毁掉的话，那就是官僚主义。1921年我们党刚成立时，全国只有50多名党员，却不畏地主、军阀和帝国主义的强大，要"实行社会革命"，救国救民于危难之中。今天我们党已成为世界上最大的政党，却有一些党员丧失了共产党人的革命精神，忘记了自己的职责是在推进社会革命中为人民服务，沾染上官僚主义作风。官僚主义极大损害党的形象，危害党的事业。要使我们党永远成为坚持和发展中国特色社会主义的核心领导力量、永远做中国人民和中华民族的主心骨，就必须坚决反对官僚主义。

有一种官僚主义是为官不为。一些领导干部把党和人民安排的工作看成自己讨生活的职业、混饭吃的差事。只要能拿工资、混日子，就多一事不如少一事，怎么轻松、怎么顺手就怎么干，仿佛寄生在单位里。于是,他们不愿意去基层实地调研,而是习惯于坐在办公室里拼凑材料、东抄西抄、剪切复制,从书本里来、到纸面上去。满足于开开会、发发文件,照本宣科、无所作为。对上级阳奉阴违、敷衍塞责,对下级搞形式、走过场,光说漂亮话、做样子活,从不肯埋头苦干、真抓实干。遇到问题就压着,压不住就推,推不出去就拖。总之,就是不干事、不解决实际问题。古人云:"为官避事平生耻"。这些人不以尸位素餐、群众指责为耻,其思想境界远逊于古代先贤。

更严重的官僚主义是凌驾于群众之上的官老爷做派。这些人做官越久,群众意识就越差,自我膨胀,尾巴翘上天,特权思想泛滥。他们总觉得自己是来管人的,要让群众、让基层围着他转、为他服务。在工作中,他们不能把自己当成与群众平等的一员,而是神气活现、官气十足、目空一切,甚至跋扈强梁、称王称霸、独断专行,压制不同意见,破坏民主氛围。在生活上,他们公私不分,搞特殊化,追求特殊待遇,贪图享受。这样的人最终必然走向违纪违法甚至犯罪的深渊。

广大人民群众对官僚主义深恶痛绝。如果干部不关心群众、不为群众服务,就会脱离群众,使我们党在群众中的威望打折扣。我们党来自人民、植根人民、服务人民,一旦脱离人民,就会失去生命力。党的十八大以来,我们党正是通过一系列正风肃纪、激浊扬清、革新吏治的务实之举,推动党风政风为之一新,党心民心为之一振。应当看到,官僚主义具有反复性、顽固性。作风建设永远在路上,不能有丝毫松懈。领导干部要清醒认识到,权力是用来为人民服务的,而不是谋取私利的工具,必须不忘初心、牢记使命,在谋划和推动改革发展中始终同人民想在一起、干在一起,察实情、出实招、办实事、求实效，推动党风政风社风进一步向好。

习近平同志在担当尽责方面为我们作出了表率。他说："我的执政理念，概括起来说就是：为人民服务，担当起该担当的责任。"前不久，他又针对形式主义、官僚主义新表现作出重要指示，要求各级领导干部带头转变作风，身体力行，以上率下，形成"头雁效应"。领导干部要牢记总书记的要求，牢固树立以人民为中心的理念，勤勉履职、扎实尽责，在全心全意为人民服务中提升政治站位、提高工作能力，在真心实意向人民学习中拓展工作视野、丰富工作经验、提高理论联系实际的水平，在倾听人民呼声、虚心接受人民监督中自觉进行自我反省、自我教育，在服务人民中不断完善自己。

《人民日报》（2018年03月26日 07版）

以实干为荣　用实绩说话

盛玉雷

把真实的榜样立起来，既大力倡导实事求是的价值理念，也健全完善从上到下的考核机制，才能推动形成后进追赶先进、共同发展进步的良好氛围

工作刚启动，就急于总结经验、"塑造"典型；不惜举全县之力，重金打造"盆景"、推广相应模式；工程"八字还没一撇"，新闻稿已经备好、总结也已完成……据媒体报道，"速成典型""盆景典型"等形式主义、官僚主义新表现，在一些地方引起干部群众的警惕。

"典型本身就是一种政治力量。"树榜样、立标杆，发挥先进典型的示范作用，是我们开展工作的宝贵经验，也是全面深化改革的重要方法。党的十八大以来，从简政放权到户籍制度改革，从财税体制改革到国有企业改革，从司法体制改革到医药卫生体制改革，一系列标志性、关键性、引领性的改革之所以能落地生根、渐次开花，得益于先试点后推广的科学路径，也离不开树立典型、宣传典型的示范引领。

树立典型的意义，在于其印证了可行性，检验了操作性，建立

了标准性，具备了复制性。然而现实中，有的人相信"造几个盆景、写几篇材料"就能做出成果，有的人觉得"开几次会议、发几篇报道"就是紧抓落实，有的人认为掺点水分、一哄而上就有工作亮点……凡此种种，助推了"速成典型""盆景典型"。显然，类似错误认识、投机做法，都与树立典型的初衷背道而驰，不仅无益于推动工作，反而会污染政治生态。从长远看，如果把作秀当典型、以浮夸为榜样，既给基层干部群众造成了"干得好不好，全看材料和报道""典型新不新，就看盆景精不精"的错误印象，也容易让错误的政绩观潜滋暗长，给改革发展事业埋下隐患。

进而言之，出现"米刚下锅就催熟、树刚种下就结果"等现象，还是根源于形式主义、官僚主义。经过有力的整治，文山会海在减少，但重形式造面子的做法还不同程度存在；门难进、脸难看、事难办的现象在改变，但急功近利的行为又冒头了。"纠正'四风'不能止步，作风建设永远在路上。"如何确立典型、面对典型，照见工作作风。典型不是靠一厢情愿就能树立，示范效果不是凭主观意愿就能自动形成。倘若只求"领导注意"而不顾"群众满意"，只管"经验之谈"而不论客观实际，这样的典型即便树起来了，不仅起不到应有作用，还会产生负面效应。

确立什么样的典型，就明确了什么样的标准，体现出什么样的导向。发挥先进典型的示范引领作用，形成察实情、出实招、办实事、求实效的"头雁效应"，关键在于挤干工作水分，明确以实干为荣、以实绩为准的风向标。在啃下脱贫攻坚"硬骨头"的关键时候，"走秀式调研"和"表格扶贫"自然无法真正赢得群众的认可；在打赢污染防治攻坚战的紧要关头，如果只看眼前、不顾长远，就难以实现生态文明建设的美好愿景；在全面从严治党不断向纵深发展的新形势下，一旦责任缺位、导向失准，就会损伤苦干实干者的积极性。把真实的榜样立起来，既大力倡导实事求是的价值理念，也健全完善从上到下的考核机制，才能推动形成后进追赶先进、共同发展进步的良好氛围。

"榜样是看得见的哲理"。从雷锋精神到焦裕禄精神，从铁人精神到女排精神，一位位榜样勇立时代潮头、争做时代先锋；从深圳速度到浦东高度，从晋江经验到织里样本，一个个典型高举改革旗帜、书写时代篇章。不采华名、不兴伪事，踏踏实实探索、勤勤恳恳实践，让典型经验化为春风雨露、播洒远方，我们才能把各项事业不断推向前进。

《人民日报》（2018年09月26日　05版）

激荡督查检查考核的正能量

李洪兴

既要加强督查检查、发挥考核指挥棒作用,破解形式主义、官僚主义问题,也要从改革发展的宏阔视角更好开展工作、推进落实

有基层干部反映,随着脱贫攻坚进入关键期,针对扶贫工作的各级各类督查也日益增多。现在,为应对上级要求,每日工作都要做笔记台账,反反复复填报材料,不少内容还必须一式多份。一些名目繁多、频次过密的督查检查考核,重留痕轻实绩、不问因果就追责问责的做法,成为抓落实过程中形式主义、官僚主义新表现,给基层干部群众带来困扰。

督查检查考核是推动政策落实的重要手段,如何让这项工作更好激发正能量?近日,中办印发《关于统筹规范督查检查考核工作的通知》,针对当前督查检查考核工作中存在的突出问题,要求加强对督查检查考核工作的统筹规范。鲜明的导向、及时的纠偏、务实的举措,有利于革除督查检查考核中的作风积弊,切实减轻基层负担,更好激励干部担当作为。

从某种意义上讲,没有外在督导,就没有深入落实。问题在于,

督查检查考核务必把握时度效，督在关键、查在要害、考在实处，避免过多过频。现实中，一些督查检查考核工作失真失准，落入了形式主义、官僚主义的窠臼。一年之内，有的县要接受300多次督查检查，有的企业迎检要写上千份材料，有的基层干部有200多天忙于应对检查考核，"乡上的两个锅炉，各级部门就查了10多次"。结果，陪同督查比开展工作的时间长，督查的比干活的多，也难怪基层反映强烈。

督查检查考核，贵在"真""实"。今年7月、8月，习近平总书记先后两次作出重要指示，指出现在下去督查的太多，检查考核过多过频，基层不堪负担，要统筹解决。督查检查考核工作，为什么会变形走样、成为负担？除了统筹管理不足、方式方法欠佳、作风病故态复萌，其中一个重要原因还在于，上级推动工作缺乏抓手，下级展现政绩缺乏出口。这启示我们，既要加强督查检查、发挥考核指挥棒作用，破解形式主义、官僚主义问题，也要从改革发展的宏阔视角更好开展工作、推进落实。

应该看到，督查多、检查多、考核多，表面上看抓落实雷厉风行、层层传导责任压力，也暴露了工作短板：推动工作手段单一，督查检查考核成为惯性思维、标准动作。其实，打破以文件落实文件、以督查促进落实的固定模式，创新方式方法，丰富渠道抓手，更有利于政策落地生根、深入人心。正因如此，此次通知明确提出，规范督查检查考核工作，必须从源头抓起，从上级机关做起。

在一些人看来，督查检查考核不只是工作，而且能出政绩。在一些地方或部门，日常调研指导也被冠以督查、检查、巡查、督察、督导之名；有的干部不把心思和精力放在科学统筹、改进方法上，而是搞花拳绣腿、繁文缛节，做表面文章。一级有一级的职责，一层有一层的担子，完成工作不能靠利用督查检查考核来取巧。只有全方位做好本职工作，才能守土有责、守土尽责。

中办印发通知后，一位干部由衷感慨："看到切合基层工作实际的好政策，很激动。希望能落实下去，让基层干部有更多时间干实事。"下大气力统筹规范督查检查考核工作，以上率下、一级做给一级看，涤荡形式主义、官僚主义弊病，我们何愁不能"督"出真成效、解决真问题、激发新活力。

《人民日报》（2018年10月18日　05版）

不只看"痕迹",更要重"实绩"

寇江泽

重实干有实绩的党员干部要褒奖和提拔,不尽职不尽责的党员干部要警醒和追责,慢作为、不作为、乱作为的问题要纠正和整改,政策制度本身的不足和漏洞要及时弥补

某地扶贫督导组下乡,关心最多的是报表做得完不完整、细不细致。乡镇的扶贫干部忙于填写各类扶贫工作登记表,问及工作进展,"每天大量时间、精力耗在填表上,一天到晚手都填酸了,根本没时间到贫困村户调研"。如此督导,怎么能把扶贫工作做好?中央发文指导规范督查检查考核,严禁多头重复、层层加码、名目繁多,是很有针对性的"及时雨"。

督查检查考核的出发点和落脚点,都在于抓工作的落实,一味要求基层填表格报材料,简单以留痕多少评判,不但不能真正了解工作状态,反而会造成工作负担。在许多地方,基层干部不是"在陪同检查"就是"在迎接检查的路上"。基层工作、基层台账里呈现的假、大、空、虚问题,一大根源正在于一些督查检查考核流于形式、失之空泛。

督查检查考核，必要的记录、台账要看，但主要看工作实绩。中办印发的《关于统筹规范督查检查考核工作的通知》明确提出，"要强化督查检查考核结果的分析运用，鲜明树立重实干重实绩的导向，对政治坚定、奋发有为的干部要褒奖和鼓励，对慢作为、不作为、乱作为的干部要警醒和惩戒"。这意味着，督查检查考核既要突出问题导向，也要着重发现落实中存在的客观障碍，及时了解有关政策需要完善的地方。实现这一要求，更需要多到现场看，多见具体事，多听群众说，更多关注改革发展、政策落地情况和群众获得感满意度。

比如，削减煤炭消费情况属于中央环保督察范畴，前不久督察人员在某地督察时发现，该地煤炭消费控制方案与省级、市级方案高度一致，存在明显照搬照抄痕迹；再比如，在中央环保督察"回头看"中，督察人员发现某省两个地方交了"雷同卷"，关键处不仅标题结构，连内容字数都一样。对于这样为避免追责临时编造方案的做法，当然应该把指挥棒好好用起来。

当然，督查检查考核中发现的问题，是否必然要问责，如何去问责，必须尊重客观事实。有基层环保干部反映，由于环保问责方面没有"尽职免责"细则，履行了自身职责却没能阻止污染事故，仍然有可能被问责。不分青红皂白，板子一股脑打在环保干部身上，这样只会挫伤工作积极性，不利于工作的开展。目前，生态环境部已经关注到相关问题，将建立尽职免责机制，对已经依照权责清单事项履行职责的，依法不予追究环保干部责任。发现问题不是"一棍子打死"，简单以问责代替整改，而是回过头来完善政策，以更好促进工作的开展，这也是督查检查考核的应有之义。

古人说得好，"刑赏之本，在乎劝善而惩恶"。重实干有实绩的党员干部要褒奖和提拔，不尽职不尽责的党员干部要警醒和追责，慢作为、不作为、乱作为的问题要纠正和整改，政策制度本身的不足和漏洞要及时弥补……强化督查检查考核结具分析运用，发挥好这根指挥棒的激励鞭策作用，方能让我们的监督工作更有针对性、更具成效，也才能大兴勤勉实干之风，夯实事业发展之基。

《人民日报》（2018年10月30日　05版）

防范"指尖政务"中的"四风"变种

李 斌

实干导向、实效要求、实绩指针,任何时候都需要坚持不懈。真正把"互联网+政务服务"利用好,离不开管理智慧的筑底,也呼唤正风肃纪的托举

近日,个别地方有基层干部反映,手机上政务APP太多,有的甚至要求每天打卡"留痕",耗费时间精力,影响工作生活,沦为"指尖上的形式主义"。

毋庸置疑,"互联网+"用之于基层政务管理,"动动手指"就能快速发布指令、及时沟通信息、督促工作落实,确实起到了节约行政成本、提升工作效率的作用。但是,当前的"互联网+政务",还处于"摸着石头过河"的探索阶段,存在许多不成熟、不规范之处。各领域各层级政务APP让人眼花缭乱,基层干部疲于应付;政务办公群成"秀场",有干部抱怨"干得好不如晒得好";"微信下指令、微信抓落实",工作脱离实际、脱离群众;在工作群"拍马屁""发红包",微腐败渐露苗头……种种问题足以说明,真正把"互联网+政务"利用好,离不开管理智慧的筑底,也呼唤正风肃纪的托举。

建而不管、用而不精，是基层电子政务建设普遍存在的问题。各级各部门在政务APP建设上各自为政、各搞一套，既造成了公共资源的浪费，也徒令基层干部和办事群众难以适应、无从选择。"互联网+政务"的精髓在于整合大数据、打破信息孤岛，如果只是把现实中的部门壁垒、信息孤岛搬到网络和"云端"，"互联网+政务"还有多少实际价值？网络空间是服务群众的新地带，也是管党治党的新领域，决不能满足于"有了就好""建了就完"，决不能失之于无法可依、无规可循。用制度厘清可为与不可为、守责与失责、激励与惩罚，方能让"互联网+政务"运行在法治轨道上。

形式主义、官僚主义，是基层电子政务建设需要警示的问题。方针政策在"键对键"中落虚落空，"微指令""微通知"导致脱离群众，通过网络"留痕"为政绩注水……从品类繁多的各种微信工作群，到点卯签到的各种"留痕"，看似新表现实则老问题，形式主义、官僚主义的本质没有变，再次验证了"四风"问题具有顽固性反复性。过去破除形式主义靠严格正风肃纪、精简"文山会海"、整治"通知落实"，如今破除"指尖"上的各类形式主义、官僚主义，同样需要用好这些抓手。"作风建设永远在路上"。只要"四风"问题出现新变种，不论何种形态、何种载体，都应当正风不止、执纪不休。

抓落实不能靠"远程指挥"，干工作不能"一微了事"，实干导向、实效要求、实绩指针，任何时候都需要坚持不懈。应当明确，鼓励"键对键"，也要重视"面对面"。从层级工作部署、落实和考核，到倾听群众诉求、方便群众办事，不仅要有主动"触网入云"的创新自觉，更要坚守为民务实清廉的政德要求；不仅要善于通过信息技术办公，也要善于通过深入基层、深入群众办事。这也意味着，让

"互联网+政务"实现效用最大化，关键就在于走好网络群众路线，弘扬好共产党人的优良作风。

"触屏时代"，"互联网+"对生活的融入和塑造是谁也无法阻止的。政务服务网络化、行政办公信息化，同样是不可阻挡的时代潮流。许多政务APP、政务微博、政务公众号，已成为方便群众办事的"好帮手"，成为打造智慧城市、提升政务服务水平的"好依托"。在网民规模超过8亿的大背景下，我们逐步建构起"互联网+政务"的骨架，涵养出契合移动互联的优良作风、法治文明和管理水平，一定可以"网聚"人民群众获得感，"网聚"党心民意正能量。

《人民日报》（2018年11月29日　09版）

为基层减负　促干部实干

李浩燃

基层，有最坚实的力量、最强大的血脉、最活跃的源泉。认识一个真实的中国，离不开基层视角、基层情怀。

"对我们基层面临的形式主义困扰，总书记真是明察秋毫""有对文山会海、督查检查考核过多等突出问题的剖析，有针对性的解决办法，还有监督保障机制，这让我们充满期待""我们更得撸起袖子干事创业"……近日，中办发出《关于解决形式主义突出问题为基层减负的通知》，明确提出将2019年作为"基层减负年"，在参加全国两会的代表委员特别是来自基层的代表委员中引起热烈反响。纠偏的决心、务实的举措，直击基层存在的突出问题，让广大干部为之振奋。

一名基层干部说，工作中存在着"三多一急"：组织会议多、制发文件多、迎接检查多、工作任务急。现实中，一些地方检查考核林林总总，结果造成"来督导督查的人比抓落实的人还多"；在有的地方，问责滥用、泛化，一出事就"多处分几个干部"；有的地方重"痕"不重"绩"、留"迹"不留"心"，干部跟群众还没聊上几句，就先忙着拍照合影……从督查检查频繁到处处留痕，从"文山会海"

回潮到材料论英雄，凡此种种，既占用干部大量时间、耗费大量精力，又助长了形式主义、官僚主义，让"脱实向虚"的不良风气滋生蔓延。长此以往，影响的是干部干事创业的心劲，损害的则是群众的切身利益。

"着力解决党性不纯、政绩观错位的问题""着力解决文山会海反弹回潮的问题""着力解决督查检查考核过多过频、过度留痕的问题""着力解决干部不敢担当作为的问题"。这次中办《通知》围绕为基层减负，聚焦"四个着力"，明确提出了一系列管用举措。"对困扰基层的形式主义问题进行大排查""确保发给县级以下的文件、召开的会议减少30%—50%""中央印发的政策性文件原则上不超过10页""少开会、开短会，开管用的会""不得随意要求基层填表报数、层层报材料""改进谈话和函询工作方法，有效减轻干部不必要的心理负担"……这些举措，直面问题，一针见血，操作性强。以"一抓到底"的决心、"一竿子插到底"的作风贯彻落实好《通知》精神，必能有效为基层减负，有力促干部实干。

党的十八大以来，党中央持之以恒反"四风"、正风肃纪久久为功，推动党风政风为之一新、党心民心为之一振。但种种形式主义新表现深刻说明，作风问题具有顽固性、反复性，一抓就好转、一松就反弹，切不可掉以轻心。各地各部门以抓实"基层减负年"为契机，从根本上深挖自身作风积弊，坚决防止以形式主义反对形式主义，才能标本兼治，切实为基层松绑减负。

基层治理之难，难在加强创造性落实，畅通"最后一公里"。基层情况复杂多变，难点痛点问题较多。如习近平总书记所言"把干部从一些无谓的事务中解脱出来"，广大干部才能把时间和精力用在干事创业上。牢牢扭住为基层减负这个"牛鼻子"，坚持严管和厚爱相结合，激活广大基层干部改革创新的积极性、主动性、创造性，基层干部队伍就能轻装上阵，接"烫手山芋"、钻"矛盾窝"。

基层，是实践的原野、历练的疆场。扎根基层、淬炼本领，是干部成长的重要途径。为基层松绑减负、激励广大干部担当作为，广大基层干部就能更好地为民谋利、为民办事、为民解忧，更好担负起时代赋予的光荣使命。

《人民日报》（2019年03月14日 04版）

发扬斗争精神　整治形式主义

麦　辰

形式主义是当前党内存在的突出矛盾和问题，是党的大敌、人民的大敌

督查检查考核过度留痕、动辄签"责任状"变相向地方和基层推卸责任、刻意搞传达不过夜……前不久，中办印发《关于解决形式主义突出问题为基层减负的通知》，一针见血地指出了当前不少困扰基层的形式主义问题。很多基层干部反映，《通知》直面问题，切中要害，并提出了务实管用的解决办法，暖了大家的心。

号令既出，当动若风发。党员干部尤其是基层干部必须严格贯彻落实中央精神和部署，以斗争精神整治形式主义。

"很多基层干部说，对形式主义问题，既深恶痛绝，又深陷其中，现在到了必须打一场力戒形式主义攻坚战的时候了！"中办有关负责人就《通知》接受记者专访时如此说道。值得深思的是，为什么有的基层干部对形式主义"深恶痛绝"，却又"深陷其中"？

究其根源，有的是在思想上对形式主义麻木了。有的干部习惯于对上级的部署要求机械地执行落实，照本宣科，既没有考虑到本地实际情况和本领域工作特点，也不讲求提升效率，层层发文、层层开会，对自身行为就是形式主义毫不察觉，思想上的怠惰导致行为上的懈怠。

有的虽认识到形式主义问题，却不愿对形式主义问题"亮剑"，这背后折射出责任与担当不足。有的只当中央精神的"二传手"，刻意搞传达不过夜，高调表态却行动少落实差，不敢对问题动真碰硬，不愿担责任，不注重解决实际问题；有的动辄签订"责任状"，把问责作为推卸责任的"挡箭牌"，以"甩锅"方式明哲保身。凡此种种，多半是"爱惜羽毛"造成的。

还有的认识到形式主义的危害，如何治理却找不到路子、摸不着头脑。有的缺乏深入的调查研究，缺乏对问题的方案设计，上下权责不对等，只能笼统地让基层"抓好落实"，于是乎，文山会海扑面而来，督查检查层层加码；有的不知如何确保落实成效，考核评价方法不当，督查检查唯台账是举、以材料论英雄，官僚主义导致了形式主义。

形式主义是当前党内存在的突出矛盾和问题，是党的大敌、人民的大敌，必须以斗争精神整治形式主义。

首先，需树牢斗争意识。摸透病理、照方抓药，只有对身边的形式主义问题始终保持警惕，认清形式主义的本质和表现形式，才能发现问题并谨防自身行为陷入形式主义的窠臼。

其次，要有斗争胆魄。党员干部应敢于向形式主义"开刀"，敢于指出问题所在，忠诚担当有作为、履职尽责抓落实，决不能搞责任"甩锅"。

再者，还得讲究斗争方法。俗话说，打蛇打七寸。整治形式主义，离不开深入调查研究。身在基层，党员干部只有不断加强业务钻研，提升能力素质，结合运用定性和定量方法，搞清楚如何贯彻落实，弄明白工作怎么干才能提质增效。

形式主义问题具有典型的顽固性、长期性。有效解决困扰基层的形式主义问题，不能指望毕其功于一役。上下同心，方可攻克顽疾。广大基层干部更需主动作为，按照中央要求，从自身做起，从每一件具体工作做起，挣脱束缚，轻装上阵，力戒形式主义，腾出更多的精力干事创业。

《人民日报》（2019年03月19日　19版）

下基层要做好"加减法"

张敏娜

近日,中共中央办公厅印发《关于解决形式主义突出问题为基层减负的通知》,明确提出将2019年作为"基层减负年"。我们在调研中发现,接待不合理的"下基层",也给基层增加了不少额外负担,需要着力加以解决。

把工作现场向一线延伸,深入基层了解情况,是一个优良传统,也是一种行之有效的工作方法。但在一些地方,下基层却搞形式主义。或是"程式化",按发通知、听汇报、看材料、写报告的"格式",走一遍就算完成;或是"表象化",蜻蜓点水走马观花多,深入研究独立思考少;或是"虚荣化",搞层层陪同、超人数陪同,追求隆重热烈宾主俱欢。凡此种种,不仅工作效果欠佳,更给基层带来无谓的接待负担。要解决下基层的形式主义问题,还得做好加减法——不摆架子,不听念稿,多做准备,多解决问题。

下基层是为了去了解实际情况的,不要有什么"身份感",搞"对等接待""层层陪同"之类的花架子。安徽凤阳小岗村党委原第一书记沈浩,驻村6年完成29本"民情日记",乡亲们评价他"跟咱亲近"。这样的下基层,才能看到真情况,听到真问题。生怕自己不被重视、生怕泥巴脏了鞋子，看到的就难免只是"经典调研路线"，让现场变成了秀场。

开座谈会是了解基层工作一个很有效的途径。在交流座谈中，往往是那些即兴脱稿讲的内容，更用情走心，更给人思考，让人眼前一亮。这也启示我们，下基层时，可以少听或者不听念稿，而是把单向的介绍变成双向的交流。多引导一下谈话，让基层干部放松下来，谈真情况、讲真问题；多问几个为什么，把不明白的地方吃透，交流就不会流于表面和片面，变成简单的工作总结。

要做到有效交流，最重要的是做好准备。下基层的准备功课，应该更多由调研者来做。比如提前收集相关资料，在对情况有一定了解的基础上，带着问题、带着思考去基层。否则，到基层两眼一抹黑，问也问不到点上，看也看不出名堂。要知道，基层情况千差万别，各有特点。列好调研提纲、抓住重点难点，才能心中有数，最终踩上点、把准脉，达到事半功倍的效果。

下基层，不管是走访调研还是督导检查，最终还是要解决问题。带着问题下基层，带着思考回机关，深入基层摸清实情后，及时把调研的成果转化成决策的依据，落实为基层排忧解难的政策。不计大小解民忧、理清思路帮发展、化解矛盾促和谐，只有这样的下基层，才能真正受到基层欢迎、赢得群众点赞。

《人民日报》（2019年03月27日　09版）

力戒形式主义的"痕迹管理"

郭 华

"百姓谁不爱好官？把泪焦桐成雨。"今天，走进河南兰考，遍地泡桐已成为一道亮丽风景，而兰考人把泡桐叫作"焦桐"，因为这是当年焦裕禄同志带领他们栽种的。虽然焦裕禄同志在兰考工作不到两年时间，但他带领群众治理风沙、改变面貌的痕迹永远留在了兰考的大地上、兰考人民的心里。

现在"痕迹管理"比较流行，这对干部干事创业有促进作用，但一些地方和部门重"痕"不重"绩"，一些干部留"迹"不留"心"，结果是把痕迹留在纸面上、影像中以及形形色色的表格里。有的"痕迹管理"还十分繁琐，出现形式主义倾向，引起基层干部群众的反感。近日，中央办公厅发出《关于解决形式主义突出问题为基层减负的通知》，明确提出将2019年作为"基层减负年"。各地各部门都应力戒形式主义的"痕迹管理"，切实减轻基层干部的负担，让他们集中精力干好工作，让群众有实实在在的获得感。

干好工作，需要追求动机和效果的有机统一。动机再好，如果效果欠佳，那也不是一种好的工作方法和工作作风。当形式主义的"痕迹管理"让基层干部怀着抵触心理疲于应付、对实际工作并无真正促进作用时,那些"痕迹"也就失去了本来意义。这就需要搞清楚为什么要进行"痕迹管理"。如果是为了防止弄虚作假,那么,形式主义的"痕迹管理"是最容易弄虚作假的。在签名簿上签个到,就算下乡到位了?在贫困户家里留个影,就算帮扶到户了?在材料里有个会议记录,就算学习领会了?实际上,人民群众评价干部,从来不看其填了多少表、照了多少相、开了多少会,只看其为人民办了多少事、造了多少福。就拿脱贫攻坚工作来说,只有群众真正脱贫了、日子过好了,帮扶干部才算圆满完成了工作任务,群众自然也就满意了。以名目繁多的"痕迹"作为检验标准,未必就能真正推动脱贫攻坚工作,反而可能助长弄虚作假之风。

"痕迹管理"是考核工作的一种有效手段,但要真正用好,就必须重痕迹更重效果,不能搞成形式主义,不能让可有可无的事耽误为民造福的事。如果检查考核名目繁多、频率过高、多头重复,让基层干部疲于应付、留下各种"痕迹",不仅会占用基层干部大量时间、耗费其大量精力,还会助长形式主义、官僚主义。对工作进行考核是必要的,但必须明白考核是为实际工作服务的。工作要实,考核也要实,必须以考核之实推动工作之实,而不能让人为了应付考核而"采华名,兴伪事"。考核并非设置的条目越多越细越复杂越好,而要实事求是、科学精炼,以促进工作、推动落实为原则,切不可掉入形式主义的泥潭。担负考核职责的干部要经常深入基层,切身体会基层干部的工作实际。就脱贫攻坚工作来说,既要了解贫困群众的需求,又要了解帮扶干部的情况;既要体谅贫困群众的困难,又要体谅帮扶干部的艰辛。在此基础上,提出符合实际、简便管用的考核要求,避免让扶贫干部没完没了地填表、写文字材料。形式主义的负担减轻了,扶贫干部才有更多时间和精力为贫困群众办好事办实事。

  埋头苦干十几年送走"穷神",谷文昌同志得到了福建东山群众一致好评。古今中外,凡有作为者,都是把干事创业的痕迹留在人民群众心里。我们要让更多的干部重"痕"更重"绩"、留"迹"更留"心",用实干与担当实现人民群众对美好生活的向往。

《人民日报》(2019 年 04 月 03 日　09 版)

延伸阅读

请媒体监督　对怠政问责
山东倒逼推进"一次办好"

徐锦庚　刘成友

"跑了一个月,来了好多次,看车大爷都认识我了,还没办成!"这是市民"跑断腿"的抱怨;"排队70分钟、办事5分钟""配套设施不便民,甚至成摆设",这是企业和群众"干急眼"的经历;"他着急下班,叫我明天再来""脸难看、事难办",这是老百姓遭遇衙门作风后的吐槽……

遇上这类烦心事,以前只能自个儿发发牢骚。这次,却登上了山东媒体的头版和要闻。7月下旬以来,山东主要媒体派记者暗访各市政务中心,看群众办事能不能真正"一次办好",让不少基层干部"红脸出汗",变得坐不住、慢不得。

动真格的媒体监督和直接问责,源自山东新近推出的"一次办好"改革。"一次办结,群众满意",作为"放管服"改革升级版,倒逼各级各部门更新观念、转变作风、提升效能。日前公布的"一次办好"首批清单,按事项层级分,省级共1552项,市级平均1460项,县级平均969项。

"一次办好"能不能真正"应办即办""说办就办",能不能切实"一次办结""办就办好"?山东聚焦问题精准发力,下猛药治沉疴。

省委主要负责同志要求省级新闻单位加大舆论监督力度，对贯彻落实党中央部署和省委要求不积极、不到位，对涉及人民群众切身利益问题不闻不问、不担当不作为，甚至违法乱纪的行为，坚决予以曝光。

清单表格列在纸面上，满不满意在群众心里。大众日报派出17路记者，分赴17市政务中心暗访，通过"大众调查""曝光台"等栏目，原汁原味展示种种不作为、慢作为现象。山东电视台把批评报道放到省台新闻联播栏目播出。"这回震动可大了。"山东广播电视台台长吕芃说。

监督有声响，怠政必问责，倒逼庸懒散者立行立改，举一反三，提高办事质量和效能。6月底，济南市有155人因为不作为、违反工作纪律或者服务意识差，被市纪委一次性问责，这也是济南近年来规模最大的一次问责。烟台一位市民跑了七八天开不来证明，举报后却遭居委会两名工作人员挖苦："你这老百姓本事够大的！"被曝光后，当地很快辞退二人，居委会负责人也被严肃问责。有群众反映淄博市淄川经济开发区服务大厅养老保险暂停缴纳业务办理难，大厅每个窗口迅即公示了管委会主任、副书记和纪委书记三人的手机号码和承诺。

推进审批便利化，优化营商环境，只是第一步。借助舆论监督和问责，"一次办好"正走出政务大厅，成为山东全面深化改革的重要抓手，贯穿政府运行各环节，渗透经济发展各领域，延伸到社会治理各方面。山东省政府主要负责同志表示，要全面梳理排查难点、痛点、堵点，真正把"一次办好"落实到位，领导干部要敢于担当、善于作为，确保改革措施落地生根。

《人民日报》（2018年10月14日　01版）

理解不走偏　贯彻不打折　创新不走样　推广不变形
政策执行，务求落地生根

孙　振　何　勇

习近平总书记强调："出台政策措施要深入调查研究，摸清底数，广泛听取意见，兼顾各方利益。政策实施后要跟踪反馈，发现问题及时调整完善。要加大政策公开力度，让群众知晓政策、理解政策、配合执行好政策。"

基层政策的制定、细化、执行等过程考验着基层干部干事创业、狠抓改革落实的能力和水平。制定出的好政策重在落细落实。基层政策在落实过程中易遇到哪些难题，应遵循哪些科学的工作方法，以确保理解政策不走偏、贯彻政策不打折、推广政策不变形。记者采访了多位基层干部和专家学者。

落实杜绝走样
力求精准有效

政策越往基层延伸，领导干部抓落实的工作情况就越多样、越复杂。强化基层政策的执行落实，既要杜绝上热下冷的落实"温差"，又要因地制宜、逐层细化，力求精准有效。

中国人民大学国家发展与战略研究院研究员马亮认为，制定符合地方实际的配套措施，不仅是基层的事，上级部门也要积极作为，要处理好政策顶层设计与分层对接、政策统一性与差异性等之间的关系。

马亮说，在现实中，上级部门在制定政策时有时也存在两难：如果事无巨细，就难免会导致政策不能同时满足各地实际，出现个别地方落地"走偏"的情况；如果模糊空泛，基层在配套细化时就可能出现一些"歪政策"。因此，上级制定政策时也应做好解释和沟通工作，为基层细化执行留有一定空间，并发挥地方的能动性和创新性。

"制定基层政策的落脚点在于执行，要避免执行政策中出现走样变形的情况。"辽宁省社科院副院长梁启东说，在现实中，有的选择性执行，对政策挑肥拣瘦，对自己有利的多执行，对自己不利的束之高阁；有的添加式执行，添加一些原来政策没有的东西，往往是为了本地区、本部门甚至小集团的利益；有的走过场式执行，搞形式主义，满足于以会议贯彻会议，以文件落实文件；有的曲解式执行，从自身利益出发，歪嘴和尚念经。这些表现使政策执行效果大打折扣，需要特别警惕，坚决杜绝。

直面新鲜情况
力戒机械照搬

一些地方在政策执行过程中进行了不少有益尝试，抓好政策落实，不打折扣，对落实中遇到的新情况新问题，能够及时研究、提出对策、积极化解。

根据政策要求，安徽省合肥市各区从2013年开始，对辖区沿街商户实行市容和环境卫生责任区制度管理，加大对居民占用公共空间、流动摊点等的整治，每个社区还要配备一名正式的城管队员定人定责。政策要求合情合理，可到基层执行时却遇了难。

合肥市瑶海区和平路街道茂林路社区党委书记唐海川回忆，当时街道城管中队进行了多次治理，但收效甚微，"检查人员一来，他们就往回收，人走了就又出摊。执法本是为群众打造舒适环境，但往往不被理解。"

执法人员因为不被理解而委屈，居民对街道管理现状也不满意。上级的政策规定要执行，但不能机械化、僵硬化，对执行过程中出现的问题，需要及时调整施策，茂林路社区想出了成立"城管群众议事会"的办法。通过居民投票、自我推荐，茂林路社区选出了10名热心社区工作的议事会成员，包括社区网格员、街道城管网格员、物业工作人员、经营户代表和社区居民，由过去的城管单方执法，转变为"众人的事众人商量"。

今年3月，茂林路社区一商业街占道经营、餐饮油烟污染等问题严重，城管没有硬性执法，而是由"城管群众议事会"召开了商讨会，商量解决办法。环保治污的红线不可破，占道经营影响安居的行为要停止，这两个原则得到各方认可，最终形成了新的经营规范6项标准和整治方案，得到大家的拥护和执行。

截至目前，茂林路社区"城管群众议事会"共召开会议26次，参加居民585人次，受理具体问题191项，完成181个项目。和平路街道负责人解琛认为，"好政策要落实好，坚决不能打折扣，同时执行不能死板僵化，对于遇到的各种问题，要站在群众立场想办法，问题才能迎刃而解，政策服务群众的'最后一米'才能打通。"

尊重基层创新
力争稳步推广

政策执行中还要重视创新推广，对执行中遇到的老问题、顽固性问题，要分析好、解决好，对落实中形成的好经验、规律性认识，要总结好，推广好。

"城管群众议事会"2013年起在和平路街道推行后，取得了好效果，瑶海区在全区试推广。两年后，全市有条件的社区也推广设立。从此，这个在基层落实政策过程中形成的创新做法走向更广泛的区域。

这一政策在推广时定下了两条原则：一是把推广实施政策情况纳入基层工作考核；二是执行要因地制宜、结合实际，实在不具备条件的，不能硬干蛮上。

如今，"城管群众议事会"在合肥的不少街道社区扎根、创新，一些街道推出了"升级版"——党群议事会，人员架构采取4+X的形式，4即党代表、党员代表、群众代表和社区民警，X即人大代表、政协委员、辖区和驻地单位负责人等，巡访问事、民主议事、合力干事、群众监事，逐渐形成了基层处理问题的成熟机制。

"小区设施太破了，卫生也不好""前几天邻居家还被盗了"……今年4月，在合肥市三里街街道天长路社区的一次"党群议事会"上，康尔苑小区的居民们摆事实、说问题，直言不讳。几名热心的老党员和群众把居民反映强烈、迫切要求解决的问题捋出来，反馈到社区，协调解决。社区又积极争取，将小区纳入区里的老旧小区整治工程。现在，小区的楼道卫生、治安等问题已基本解决。

"基层政策从制定、执行到推广、创新，又形成新的经验，从而推动问题解决、政策落实,这些过程离不开广大基层干部和人民群众积极参与改革实践。"马亮说,"要鼓励地方政府在发现政策问题时及时反馈,并将一些行之有效的基层政策及时总结推广,形成理性认识,推动面上的制度创新。同时强化对政策执行过程的督察,切实把政策转化为行动。"

《人民日报》(2018年10月15日　04版)

天津落实中央八项规定精神，在坚持中深化、在深化中发展
深挖细查，严防"四风"反弹

胡 果 朱 虹

2018年7月，天津市无线电管理委员会办公室台站管理处原处长受到党内警告处分，原因是违规接受服务管理对象宴请……今年中秋、国庆前夕，天津市纪委监委曝光了一批违反中央八项规定精神典型案例。

"这些典型案例既有老问题老现象，也有新动向新表现，反映出仍有干部对纪律、规矩缺少敬畏之心，存在侥幸心理，表明'四风'具有顽固性反复性，反弹回潮的隐患不容忽视。"天津市纪委监委党风政风监督室主任王冰介绍。

"今年以来，天津市委、市纪委监委坚决贯彻党中央和中央纪委部署要求，驰而不息落实中央八项规定精神，在坚持中深化、在深化中发展，紧盯节点、集中排查、专项治理，对'四风'问题特别是形式主义、官僚主义'零容忍'，对隐形变异'四风'问题深挖细查、决不放过。"天津市纪委书记、市监委主任邓修明说。

纠隐形变异"四风"问题
防止问题反弹回潮

2017年8月，西青区纪委监委开展"违规公款购买消费白酒和潜入地下违规吃喝问题集中排查整治"专项行动。各部门各企业首先开展自查，李七庄街党委在自查中向区纪委监委提交了零报告。可在接下来的巡察中，办案人员在一个库房里发现了价值上百万元的高档酒。

这次把国有企业甚至村集体企业纳入排查范围，发现了李七庄街通过下属的天祥工业园购买白酒大部分用于政府接待的行为。"在高压之下仍心存侥幸，触碰纪律红线，足见'四风'问题积习甚深。"西青区纪委监委第三审查室工作人员付林华说。

中央八项规定实施5年多来，面上"四风"问题已基本刹住，但出现了种种隐形变异、改头换面的"四风"新变种。今年上半年，全市共查处违反中央八项规定精神问题402起，同比增长1.3%；处理552人，同比增长1.8%；给予党纪政务处分350人，同比增长62%。"这些增量问题中，很大一部分都是隐形变异的新形式。"天津市纪委副书记、市监委副主任边学文介绍。

对隐形变异"四风"穷追猛打，天津市纪委监委形成了一套"四位一体"的查纠机制，即"明察暗访突击查、专项整治系统查、纪律审查和巡视巡察优先查、问责倒逼'一案双查'"，通过这套全方位立体化查纠机制，坚决查处顶风违纪问题。

对因"四风"问题受到纪律处分的，点名道姓通报曝光。今年以来，天津在中央和市主流媒体通报曝光10批29起典型案例。

治形式主义、官僚主义
发现问题扭住不放

2016年,天津市河北区文化馆对党支部书记、馆长,3名副馆长等4人办公用房超标问题进行整改。但巡察组走了以后,4人又私自搬回了原超标办公室。2017年7月,河北区委巡察组再次巡察区文化馆,在巡察组进驻的前一天,4人又临时搬出了原超标办公室,改为合并办公。2018年5月,该馆党支部书记、馆长受到党内严重警告处分,其余3人分别受到党内警告处分。

"形式主义、官僚主义是不良政治生态的突出表现,是当前纠治'四风'问题的重点。"河北区委巡察三组组长张莹说。

今年以来,市纪委监委继续把治理形式主义、官僚主义问题作为工作重点,为找准病灶、瞄准标靶,由12位班子成员带队,成立12个调研组,不打招呼深入11个区和市级单位开展调查研究,着力发现形式主义、官僚主义的新动向、新特点。

调研组通过实地走访检查、发放调查问卷,向干部群众面对面了解情况,梳理汇总6个方面突出问题,对37个问题线索进行挂牌督办:截至目前,已处理39人,其中开除党籍、开除公职1人,留党察看1人,党内严重警告3人,党内警告3人。

市纪委监委还发挥新媒体新技术作用,拓宽监督渠道,推动形成了组织监督、群众监督、舆论监督、科技监督"四位一体"的监督网,增强监督合力。对贯彻中央精神表态多调门高、行动少落实差,搞虚假业绩等情形,发现问题扭住不放,坚决督促整改落实。

盯重要节点、多发问题
常态察访一抓到底

"廉洁自律做表率,每逢佳节倍思清。两袖清风赏明月,举家团圆共婵娟。市纪委监委祝您中秋快乐。"今年中秋前夕,天津市干部都收到了市纪委监委发送的廉政短信。日前,市纪委监委又发出《关于重申"九严禁"严防中秋国庆期间"四风"问题反弹的通知》,并公布了各级纪检监察机关的举报方式。

今年以来,市纪委监委紧盯元旦、春节、清明、"五一"、端午等重要节点,在全市主要媒体和微信公众号、手机客户端等平台刊播严防"四风"问题反弹回潮、隐形变异的通知,营造全社会监督的舆论氛围。市纪委监委围绕节日期间察访特别是巡视发现的一些领域滥发津补贴、违规收送礼品礼金等问题,坚持系统抓、抓系统;重点推动国有企业、教育医疗等系统开展专项治理,查处了一批违纪违规问题。

2017年6月至2018年7月,天津市海顺交通工程设计有限公司违规为职工发放通讯费,共计3.1万余元。2018年8月,该公司党支部书记、总经理分别受到党内警告处分;3位副总经理也分别受到诫勉处理。

充分针对节日期间多发问题,开展常态化察访。市纪委监委组织全市采取交叉互查、随机抽查、重点督查等方式,一抓到底;借助审计、税控、公安等系统大数据,精准收集问题线索,开展重点督查;联合媒体记者组成察访组,走进党政机关和饭店,严查公款吃喝、值班缺岗等突出的"节日病"。节日期间全市共发现问题线索60余条,均予快速核查处理;对发现的问题隐患,及时提出整改建议,督促相关单位立行立改。此外,市纪委监委把制度建设贯穿始终,明确党员干部改进作风的正面清单,厘清"四风"的负面界限,为持之以恒抓好作风建设提供制度保障。

今年1至9月底,全市查处违反中央八项规定精神问题702起,处理938人,给予党纪政务处分613人。

中秋、国庆两节期间,市纪委监委深入旅游景点、宾馆酒店、党政机关等20余个点位进行明察暗访,发现一批疑似问题线索,正在核查过程中。

"市纪委监委在媒体公布市纪委监委和16个区纪委监委及72个部门纪检组织的举报电话,常态化受理群众关于'四风'等方面的举报,拓宽群众参与监督的绿色通道。"边学文表示,天津目前正积极构建立体化监督网络,营造风清气正的政治生态。

《人民日报》(2018年10月23日　18版)

云南深入整治机关作风顽疾，力促干部履职尽责
告别庸懒散浮拖　鼓足干事精气神

杨文明　何咏坤

"虽然没贪没占，但因为我审核把关不严，造成6万多元农村危房改造补助金被套取，背这个处分一点都不冤。"近日，云南省鹤庆县辛屯镇双龙村党总支书记段志远就自己所犯的错误作出深刻检讨。因不认真履行职责，鹤庆县纪委监委给予段志远党内警告处分，对违规套取的补助金给予追缴。

工作能力上"庸"，办事效率上"懒"，工作作风上"散"，责任意识上"浮"，执行制度上"拖"，近年来，云南省各级纪检监察机关针对作风顽疾，坚持问题导向，紧盯不担当、不作为、慢作为、乱作为等"官混子"，深入开展"庸懒散浮拖"问题专项整治，营造提振精神、真抓实干、担当作为的良好发展氛围。

打准问责板子，严查"为官不为"

2017年，大关县供销联社副主任黄云斌担任翠华镇翠屏村党总支第一书记、驻村扶贫工作队队长期间，在精准识别摸底调查工作中，未按要求对农户住房逐户拍照，而是对同一农户房屋从不同角

度多次拍照并分别假冒为其他农户房屋；其负责的摸底调查、信息核查、农民纯收入计算等表册存在大量缺项、漏项等问题，导致所负责片区未如期完成摸底调查任务，造成不良影响。今年1月底，昭通市纪委监委公开通报，黄云斌因在驻村扶贫工作中不担当、不作为，受到党内严重警告处分。

这是黄云斌参加工作以来第一次被点名道姓通报，他承认，"最开始确实不知道该怎么面对，感觉没脸去上班了。"

板子打下去，责任担起来。已经结束在翠屏村任职的他，回到原单位后工作认真负责，一有时间就往结对帮扶的贫困户家里跑。2018年，大关县供销社的挂钩扶贫地点换成了悦乐镇四合社区。黄云斌与同事一起奔走，协调技术人员开展蜜蜂养殖技术培训和果树管护培训；为患有精神病的贫困户联系救治，主动准备材料将该户纳入低保。

黄云斌不是个例。今年9月，因为易地扶贫搬迁工作推进不力、整改不到位，昭通市、怒江傈僳族自治州、文山壮族苗族自治州、丽江市等4个州市12个相关责任单位和39名责任人受到问责。云南省纪委相关负责人表示，这既是云南省着力纠正履职不作为、慢作为、乱作为等"为官不为"问题的"战果"通报，也表明了向"庸懒散浮拖"问题"宣战"的态度和决心。

来自云南省纪委的统计显示，仅今年前9月，云南省就问责不作为乱作为问题2153个，问责176个单位3321人，其中厅级干部3人，县处级干部228人。

"不遮不掩直面问题，开刀问斩治理顽疾。不作为、慢作为、不担当、不尽责，绝不仅仅是作风问题、能力问题，更是政治问题、党性问题。要用问责板子打醒'装睡人'。"云南省委常委、省纪委书记、省监委代主任冯志礼表示。

创新监督方式，力促"担当作为"

今年 4 月，云南省纪委监委出台《关于对公职人员履职尽责情况加强监督的意见（试行）》，明确要加强对公职人员履职尽责情况的监督，坚决反对和纠正"太平官""糊涂官""庸懒官"等现象，着力整治群众反映强烈的不作为、乱作为、慢作为等突出问题。

为此，云南省各级纪检监察机关积极创新监督方式和手段，充分运用科技监督利器，整治"庸懒散浮拖"问题，力促干部履职尽责、改进作风。

走进曲靖市沾益区政府大楼，滚动播放的 LED 屏幕引人注目。播放的督办事项、完成时限、责任人、完成情况等一目了然。"现在干部迟到早退的基本没有了，都被任务催着走，'庸懒散浮拖'的毛病被'沾益督办'APP'治'好了。"沾益区纪委监委党风政风监督室干部李红星说。

在沾益区纪委监委推出的"沾益督办"APP 上，督办事项分为"待办理""办理中""超时"3 个模块，每个事项都明确具体的牵头领导、责任领导、责任部门、完成时限及备注要求，以台账形式"挂"到网上。

富源县纪委监委运用"大数据"技术建立了"阳光监督平台"，将农村低保、危房改造、人畜安全饮水等 167 项惠民政策执行情况，低保金、养老金、种粮补贴等 91 类民生资金发放信息全部录入平台。

"惠民政策执行到不到位？民生资金发放及不及时？群众只需用手机扫描二维码或在查询机上搜索即可查询。"富源县纪委监委党风政风监督室副主任郭龙飞介绍说,"阳光监督平台"有效整治了干部"庸懒散浮拖"的老毛病,马上办、踏实干的氛围正在形成。

在位于瑞丽市南部的姐相乡,纪委用"纷享逍客"移动办公平台建立"逍客"外勤签到APP,干部外出通过手机GPS定位实时位置,再通过定位相机即时拍照,将时间、地点、人物、事由完整上传方能签到,让"事假专业户"无机可乘。如今,全乡干部作风持续好转。

做好澄清正名,避免"怕而不为"

除了用霹雳手段进行问责外,针对"多干多错、少干少错、不干不错"的消极心态,以及一些领导干部"怕而不为"等现象,云南省各级纪检监察机关还积极为遭到不实举报的干部澄清正名,还清白者清白;完善容错纠错,为担当者担当。保护干部担当有为、服务群众、干事创业的热情。

"这次州纪委监委为我澄清正名,使我放下了思想包袱,进一步增强了担当作为、干事创业的信心和决心。"楚雄彝族自治州纪委监委关于不实信访举报了结澄清反馈会日前在大姚县举行,县长刘文跃泛着泪光说。

不久前,楚雄州纪委收到群众来信反映"刘文跃在处理南华县野生菌王国建设项目中不依法行政、不履职、不作为"等方面问题线索。经楚雄州纪委监委调查核实,举报人所反映的问题失实,楚雄州纪委监委及时给予了澄清。

与楚雄一样,保山市纪委监委严格落实"三个区分开来",注意保护干部担当精神,对市中级人民法院调研员王玉玲,市质量技术监督局副局长吴云龙,施甸县委常委、组织部部长李芒生等6名干部不实信访举报线索进行了结澄清;麒麟区纪委监委坚持严管和厚爱结合、激励和约束并重,建立不实信访举报澄清了结机制,及时为68名受到不实举报的干部澄清正名。

实际上,自2016年起,云南省就开始自上而下开展坚决纠正和防止"不作为、乱作为"集中整治,围绕脱贫攻坚、扫黑除恶专项斗争、环境保护、旅游市场秩序整治、"五网"建设、防汛工作等重点任务落实情况开展专项纪律检查,抓实干部日常监督。

既要让"为官不为"者"下",又要让勇于担当者"上"。云南实现跨越式发展,离不开干部担当作为。大理白族自治州坚持严管厚爱结合,注重用好容错结果,公正对待被容错干部,在日常、绩效、任期等各类考核时不作负面评价,在评先评优、表扬奖励时不受影响,对及时改错、敢担当、善作为、实绩突出的干部,该重用的重用,该提拔的提拔。

《人民日报》(2018年10月26日 11版)

中央纪委公开曝光六起形式主义、官僚主义典型问题

姜 洁

中央八项规定实施以来，在党中央坚强领导下，各级纪检监察机关加强监督执纪问责，有效遏制了"四风"蔓延势头，党风政风为之一新，作风建设成为党的建设金色名片。但我们必须清醒看到，"四风"问题具有顽固性复杂性，特别是形式主义、官僚主义问题在一些地区和领域仍然突出，成为解决"四风"问题的"绊脚石""拦路虎"，干部群众反映强烈，必须下大气力重点突破和解决。为巩固拓展落实中央八项规定精神成果，深入推进作风建设，中央纪委日前对6起形式主义、官僚主义问题进行公开曝光。

内蒙古自治区扶贫办原党组书记、主任刘忠诚等人贯彻落实党中央关于脱贫攻坚重大决策部署不力、作风漂浮等问题。刘忠诚等人在扶贫攻坚工作中搞形式主义、官僚主义，在贫困户建档立卡工作中，没有考虑贫困人口分布客观实际情况，"一刀切"地将国务院扶贫办确认的贫困人口规模仅局限在国家级贫困旗县、自治区级贫困旗县，导致精准扶贫基础性工作不扎实、贫困户漏评率高。2017年9月，自治区扶贫办组织开展工作检查考核时，未充分考虑不同

区域存在差距和路途较远等因素，致使检查考核方案脱离实际，同时在检查考核中未督促落实配备蒙语翻译、抽调熟悉业务的检查人员等要求，致使检查考核流于形式，检查考核结果不客观不实际。同时，自治区扶贫办还存在违规向扶贫基金会借款74万余元为职工发放福利、违规挪用公用经费为班子成员支付房租和公车补助、挪用234万余元扶贫专项资金等问题，刘忠诚对此负有领导责任。刘忠诚受到撤销党内职务、政务撤职处分，撤销内蒙古自治区党委委员职务，由正厅级领导职务降为副厅级非领导职务。其他相关责任人受到相应处理。

福建省莆田市海洋与渔业局局长陈国华在生态环境保护工作中行动少落实差、仅以文件贯彻文件问题。2017年7月以来，莆田市委、市政府多次召开会议部署保护生态环境、防治污染问题整改工作，并明确由市海洋与渔业局牵头整改违规养殖影响海洋生态环境问题。陈国华既没有及时组织传达、部署有关工作，也没有及时有效督促落实。2017年11月，该局推进这项工作不力被通报批评后，陈国华仍没有按要求拿出工作方案和具体措施，也未督促相关业务科室抓落实。2017年12月13日，上级有关部门进驻该市检查，次日该局才照搬照抄上级文件下发工作方案，且该方案没有细化目标、任务、时限和具体措施。陈国华受到政务警告处分。

江西省抚州市人力资源社会保障局（以下简称人社局）党组成员、副局长徐能华，市人社局原党组成员、医保局局长孔咏春等人贯彻执行中央精神和上级要求打折扣、做选择、搞变通问题。2017年12月，为落实中央和省有关工作要求，减轻城乡居民特别是贫困人员门诊医疗费用负担，抚州市政府决定从2018年开始将城乡居民普通门诊由家庭账户制度调整为门诊统筹制度，并安排市人社局牵头负责门诊统筹政策的制定和调整。徐能华、孔咏春等市人社局相关负责人在起草相关文件过程中不讲大局，仅站在本部门角度选择性执行文件、擅自取舍文件内容，且重大事项不报告、不说明，违反程序自行制定并于2018年2月9日下发了该市基本医疗保险门诊统筹管理实施细则。该细则不仅没有减轻困难群众医疗费用负担，反而会增加贫困人员医疗费用支出，与市政府推行门诊统筹制度的决策初衷相违背，在群众中造成不良影响。5月17日，该文件被要求停止执行。徐能华受到政务警告处分，孔咏春受到政务记过处分并调离人力资源社会保障系统；市人社局党组书记、局长宋有志受到诫勉谈话处理；其他相关责任人受到相应处理。

湖北省黄石市不动产登记中心原负责人谌宏等人漠视群众利益和疾苦等问题。黄石市不动产登记中心2016年7月成立以来，当地群众反映"办证难、办证慢"问题一直较为突出，中央和省有关部门明确要求进行核查处理，市政府多次召开协调会、现场办公会研究整改措施，市纪委派驻市房产局纪检组约谈了谌宏等人。但黄石市国土资源局、市房产局、市不动产登记中心重视不够，行动迟缓，一直未拿出切实可行的措施进行整改。谌宏等人漠视群众呼声，对这一长期诉求和意见消极应付，一味强调客观条件限制，拒不落实上级部门多次整改要求，反而擅自作出每天限号50个的受理业务决定，导致"办证难、办证慢"问题始终未得到有效解决，甚至出现"哪怕闲着，没有号，也不受理登记"的情况。市国土资源局有关领导缺乏主动担当，行动上消极懈怠，对不动产登记中心存在的问题听之任之，官僚主义作风严重。市房产局有关领导落实上级决策部署态度消极、执行不力。谌宏受到党内严重警告、政务撤职处分并降级；市国土资源局、市房产局相关责任人分别受到相应处理。

辽宁省大连市发展改革委原党组书记、主任顾强等人对解决群众反映强烈问题不担当不作为、消极应付问题。2016年12月，大连市部分企业对某服务项目收费集体违法涨价，增加了群众负担，社会反映强烈。市发展改革委（市物价局）党组对此没有予以足够重视，未及时召开专题会议研究处置，甚至错误认为物价局的事与发展改革委无关；在下属单位提出处置意见后，仍然迟迟未作出明确决定。顾强等人缺乏主动担当作为，只是将有关情况上报市政府，没有及时安排部署，加上对物价工作不了解，态度不明确、所提意见不及时、处置不果断，致使当地其他同类企业跟风涨价，导致群众反映强烈、负面舆论持续发酵。在市领导十几次批示提出要求后，市发展改革委仍未引起足够重视，没有及时积极采取措施阻止事态继续发展，取而代之的是反复请示报告，致使该问题拖延半年多时间未得到解决，造成了极其不良影响，严重损害了群众利益和政府公信力。顾强受到党内严重警告处分并被调离工作岗位；分管价格工作的市发展改革委党组成员、副主任慈元堂受到撤销党内职务、政务撤职处分；其他相关责任人均受到相应处理。

甘肃省财政厅农业二处原处长金中等人作风慵懒、工作拖沓问题。2017年7月，中央财政安排专项资金4000万元用于支持甘肃省贫困革命老区扶贫开发，7月11日省财政厅收到通知。但金中等人作风慵懒、工作责任心不强，对工作不抓落实、只当"二传手"；时任分管副厅长杨之春等领导干部政治意识薄弱，官僚作风严重，履行领导职责不到位，跟踪抓落实不够，直到12月6日省财政厅才完成专项资金分配工作，致使中央财政下达专项扶贫资金在省级财政滞留了146天。省财政厅党组被责令作出书面检查；金中受到诫勉谈话处理并被免职；杨之春被免职并调离省财政厅；具体经办人农业二处主任科员杨雪受到降职处理，降为副主任科员；其他相关责任人受到相应处理。

中央纪委有关负责人指出，上述这6起问题是典型的形式主义、官僚主义表现，严重影响了党群关系，损害了党和政府形象。这些受到处理的党员干部，有的落实党中央重大决策部署和上级要求照本宣科、生搬硬套，行动少落实差，甚至打折扣、做选择、搞变通；有的对群众呼声麻木不仁，对解决群众实际困难和问题推诿扯皮、敷衍塞责；有的不尚实干、不求实效，不担当不作为不负责，作风拖沓，慵懒怠政，甚至弄虚作假；有的为发文而发文，文件照抄照转，检查考核搞形式、走过场、不求实效。这些党员干部受到严肃处理，教训极为深刻，广大党员干部务必引以为戒。

中央纪委有关负责人强调，形式主义、官僚主义同我们党的性质宗旨和优良作风格格不入，是我们党的大敌、人民的大敌。形式主义、官僚主义的危害，首先是政治上的危害大，不仅贻误工作、劳民伤财，更从根子上背离了党性、丢掉了宗旨，最终会损害党群干群关系、严重影响党的形象和公信力，会像一堵无形的墙把我们党和人民群众隔开，使我们党失去根基、失去血脉、失去力量。加强作风建设、坚决整治形式主义和官僚主义事关党的执政基础、事关党的生死存亡、事关实现两个百年目标和中华民族伟大复兴。各地区各部门各单位一定要以习近平新时代中国特色社会主义思想为指导，从政治高度认识整治形式主义、官僚主义的极端重要性，深入学习领会、认真贯彻落实习近平总书记关于反对形式主义、官僚主义一系列重要论述和重要指示精神，进一步提高政治站位和政治觉悟，把思想和行动统一到党中央关于作风建设的要求上来，不断增强做好工作的使命感、责任感和主动性、自觉性，把集中整治形式主义、官僚主义作为一项政治任务，摆在重要位置，切实抓紧抓好、抓出成效。

中央纪委有关负责人指出，整治形式主义、官僚主义关键要落实好党委（党组）的主体责任。近期，中央纪委办公厅下发了《关于贯彻落实习近平总书记重要指示精神集中整治形式主义、官僚主义的工作意见》（以下简称《工作意见》），明确了工作思路、工作重点、任务要求和具体措施。各级党组织和领导干部要切实落实主体责任，把整治形式主义、官僚主义作为一项重要任务和长期任务，贯彻到各项工作中去，以落实《工作意见》为抓手和契机，主动出击、积极作为，不左顾右盼、不等待观望，拿出实实在在的行动、采取有效有力的措施，撸起袖子加油干，以真抓实干作风大力整治形式主义、官僚主义，力求出实效见真章。要以领导机关、领导干部为主要对象，坚持以上率下，教育引导、督促推动各级领导机关和领导干部以刀刃向内的自我革命精神，直面具体问题，从贯彻落实党的路线方针政策、党中央重大决策部署，到个人学习、调研检查、起草文件、开会讲话等各个方面，主动查摆、带头整改存在的形式主义、官僚主义问题，发挥示范表率作用。以行动释放信号、引领新风，以"关键少数"带动大多数党员干部。中央和国家机关及其领导干部要先行一步，率先垂范。要聚焦突出问题，把握共性、突出个性，强化"靶向治疗"。认真调研排查《工作意见》中指出的12个问题，从本单位看得见、抓得住的具体问题入手，一个问题一个问题地突破，什么问题突出就集中整治什么问题，由易到难、逐步推进，决不搞"一刀切"，决不用形式主义、官僚主义反对形式主义、官僚主义。要以纠正整改推进，对查摆出的形式主义、官僚主义现象和问题，要拿出有力措施、立行立改，咬住不放、持续用力，逐项整改并不断巩固整改成效，不达目的决不收兵，真正做到久久为功。

中央纪委有关负责人强调，各级纪检监察机关要自觉认真履行监督责任，全力抓好《工作意见》落实。要主动积极履职尽责，把监督挺在前面，推动督促各级党委（党组）把查摆形式主义、官僚主义问题列入领导班子民主生活会的重要内容，作为巡视巡察、谈心谈话、干部考核考察、述责述廉等方面的重要内容，强化日常监督，抓早抓小。要进一步畅通拓宽监督举报渠道，充分发挥广大干部群众的监督作用，充分发挥媒体舆论的监督作用，深挖重大事件事故背后存在的、执纪审查中发现的形式主义和官僚主义问题。加强与扶贫、生态环境、民政等职能部门的沟通协调，及时掌握并严肃查处相关重要领域的形式主义、官僚主义问题。要严格执纪问责，把严重影响党中央重大决策部署贯彻落实和群众反映强烈的形式主义、官僚主义问题作为执纪问责的重点，严查严处，对典型问题点名道姓通报曝光，以行动体现决心；把查处形式主义、官僚主义问题作为纪律审查和监察调查的重点，在查处领导干部严重违纪违法案件时，既要查清贪污腐败问题，又要审查其形式主义、官僚主义问题，并在审理报告中单独列明。要在精准上下功夫，精准运用监督执纪"四种形态"，精准量纪处理，对一般性问题及时"红脸出汗""咬耳扯袖"，防止小问题造成大影响；对确实构成违纪违法的，依规依纪依法严肃追究责任。要加强对集中整治工作的全程监督，对工作不力迟缓、"走过场""做虚功""假把式"等以形式主义、官僚主义整治形式主义、官僚主义的，坚决纠正；造成不良后果的，严肃问责。

中央纪委有关负责人指出，抓作风的人自身要作风正。各级纪

中央纪委公开曝光六起形式主义、官僚主义典型问题

检监察机关要从自身做起,把自己摆进去、把职责摆进去、把工作摆进去,带头排查和整改自身存在作风问题,在学懂弄通做实、结合实际创造性贯彻落实党中央决策部署上作表率,在反对形式主义、官僚主义上作表率,用好的作风推动、保障集中整治工作取得扎扎实实成效。

中央纪委有关负责人强调,作风建设是一场持久战攻坚战,整治形式主义、官僚主义是在新起点对落实中央八项规定精神、加强作风建设的再动员、再部署、再出发、再深化。"四风"问题流弊已久、积习甚深、根深蒂固,与享乐主义、奢靡之风相比,形式主义、官僚主义问题更为顽固复杂、更为深层根本,整治难度更大、任务更艰巨。要时刻保持冷静清醒的头脑,以永远在路上的政治定力,以坚决执着的韧劲和恒心,在继续盯紧盯住享乐主义、奢靡之风问题,坚决防止问题反弹的同时,以自我革命的精神整治形式主义、官僚主义,集中突破攻坚,一刻不停歇地推动纠正"四风"工作向纵深发展,持续巩固拓展落实中央八项规定精神成果,不断深化作风建设,把作风建设这张金色名片越擦越亮。

《人民日报》(2018 年 11 月 29 日　06 版)

基层干部,被哪些形式主义困扰

姜 峰 范昊天 孙 振 杨文明

■问题:
一天接待几个部门检查,有的考评成了走过场
■对策:
《通知》要求着力解决督查检查考核过多过频的问题

两年前,小杨从中部某市经济开发区调到某镇担任副镇长,分管扶贫、民政等工作。"那个时候我还在休产假,恰逢年底,各项工作检查、考评接踵而至,当年又是全区的脱贫年,扶贫工作任务重压力大,我就提前回到了工作岗位上。"小杨说。

年终考核、检查本可以对干部当年的工作情况、成效进行一次综合考评,但由于考核的项目过多过细、考核主体过多过滥、考核方式不够科学,那段时间搞得小杨焦头烂额。

"拿我们乡镇来说,每年年终要迎接的检查,除了市县对领导班子和领导干部个人的综合性工作考核,也涉及我主管的扶贫、民政、招商引资等工作,合计有十多个部门的年终考核。很多考核项目其实完全可以合并,但各级部门都要单独进行考核、检查,弄

得我们需要反复准备、填表、报数据，一件事情要重复汇报多次。"小杨说。

据小杨介绍，有些考核不看实际工作成效，只重视迎检资料，以资料多寡、"痕迹"是否明显来定绩效、排座次，基层干部只好放弃休息时间，找资料、补台账、挖空心思编数字，加班加点熬更守夜。

做好乡镇工作必须要深入农村，很多检查考评确需到村里看现场。然而"有时候一天之内有多个单位、部门过来检查，每个部门都要去一次村里，使得一些考评成了走过场，不仅劳民伤财，很多基层干部连正常休息也不敢奢望。"小杨说。

"那段时间经常要加班迎检、陪检查组进村入户，我每周有大半的时间是在各村和进村入户的路上，很多日常的工作和会议只能挪到晚上和休息日。"小杨说。

记者在采访中了解到，基层干部大都认为适当的考核很有必要，但过多过滥则会让迎检方疲于应付，时间长了会影响干部的工作效率和积极性。

《关于解决形式主义突出问题为基层减负的通知》要求，着力解决督查检查考核过多过频的问题。"落实《通知》要求，就是要通过科学设定考核指标来为干部减负。"小杨说，要深入调研掌握问题的核心，通过日常工作评价和合理认定考核结果相结合的方式，科学设定考核体系。

小杨告诉记者："去年6月，我调到区扶贫办工作，从基层回到机关，深知农村干部的艰辛。于是我改进工作方法，从实效出发抓扶贫工作，切实精简会议文件和填表报数，减轻基层工作负担，让基层干部把更多精力放在为老百姓办实事上。"

■问题：
很多考核只看痕迹，一检查就翻材料
■对策：
《通知》提出考核要看是否解决实际问题、群众评价如何

西部某县要求基层张贴某公告，村里张贴后恰逢雨季，一场狂风暴雨把公告刮没了。恰逢县纪委下来检查，说村里没张贴公告，于是处分了两名村干部。从此之后，村里每每张贴公告，都要先拍张照片。

"留痕本该是倒逼开展工作的手段，现在反而成了怕被问责的自我保护手段。"西部某驻村第一书记小张说。

"宣传、培训、教育类工作是处处留痕的重灾区，"小张告诉记者，夜校安排在晚上上课，要求必须拍照。但在农村开展群众工作更多时候需要晚上走村入户。"为了不耽误工作，我们只能组织大家集中拍照，拍完再立刻分头去群众家里工作。"

"上级要求每个月更新一次进展、报一次人数，今天是这个部门、明天是那个部门，基层对着上面一二十个部门，如果不留痕迹，可能马上就要挨处分；但如果认真应对，更有意义的群众工作又没时间开展。"小张说。

"不是基层想搞形式主义，关键是没那么多时间完成上级的任务。"小张说，有次县农业局派人来搞农业培训，要求组织群众，结果来的人象征性地讲了几句没有任何实质内容的话，拍了几张照片上传后就走了。"对他们来说，算是完成了任务，但这让群众怎么看我们基层干部？"小张说。

"群众工作，如果不用心去做，处处留痕也没用，但对用心工作

的干部来说，处处留痕反而成了无谓的负担。"小张说。

《通知》提出考核要看是否解决实际问题、群众评价如何。有基层干部表示，为基层减负，关键要正确使用考核指挥棒。考核评定让能者上庸者下劣者汰，不应过分在留痕管理、材料报表上下功夫，而应当深入基层、入户访问，让群众来"打分"。

有基层干部说，"很多考核只看'痕迹'，不问实效，一检查就翻材料，这才是最大的形式主义，导致个别基层干部造假。如果考核人员能够真正花时间、沉下身去检查基层工作实效，那么基层干部也就无需在'留痕'上劳心费神了"。

"虽然我对处处留痕也很反感，但当下如果不靠痕迹管理，一些不作为的干部就更难管理了。"小张认为，与其过分苛责基层，不如先从上一级改起。"隔得越远，对基层了解越少，检查工作越依赖痕迹材料。要想扭转基层处处留痕的局面，必须先把上级无谓的考核、检查、评比、问责项目减下来。"

■**问题：**
有的事项一不小心就要扣分，并被严肃问责
■**对策：**
《通知》要求严控"一票否决"事项，不能动辄签"责任状"

头天电话里还声音清脆、洪亮好似钟鸣，哪知第二天就哑了火，老谢扯着嘶哑的调门，说起话来就像破旧的发动机，粗颤，沉闷。

老谢是中部省份某城市下属街道负责人。最近，他天天奔波在菜市场、社区、小广场，忙着搞文明创建的自查、迎检，当了一个多月的话唠，一副好嗓子最终用到了报废。

老谢告诉记者,就拿文明创建这一项工作来说,在中央来督查前,省、市、区都要提前查上一遍。在这期间,各级动员会、调度会、现场会、汇报会……名目繁多,层出不穷。"基层街道'门头小',上面哪一级领导下来,我们都不敢怠慢。"老谢说,为此,在各级督查之前,都要先过遍筛子,全方位自查几轮,做好充分准备。

"自己官虽然不大,每天的日程却安排得满满当当。"老谢调侃道,扫黑除恶、禁毒宣传、安全生产、环保督察等,一个接着一个,最多时候他一个月里应对各级督查迎检的事项有七八项。尤其是有些考核的手段比较机械化、问责方式简单化,更让他感到犯难。

比如,文明创建的督查,事无巨细,小到一个区域内发现烟头数量超标,都会被扣分;再比如,安全生产督查,群众对相关政策、知识等知晓率是重要测评指标,督查组随机入户调查,有居民答不出,便被认定为政策宣讲不到位。

督查考评一杆标尺,但实际情况却千差万别,"比如政策、知识等宣传,干部跑断腿,也无法做到每家每户都了解掌握,但只要一被发现,都会被当成问题扣分。"老谢告诉记者,有些重要的事项,诸如文明创建、环保督察等,扣分多了就会影响到督查结果,并被严肃问责,年终考核等还会被"一票否决"。

《通知》明确,实事求是、依规依纪依法严肃问责、规范问责、精准问责、慎重问责,有效解决问责不力和问责泛化简单化等问题。

好在,改进在一点点破题。"比如烟头数量超标就会被扣分这项要求已经没有了。"老谢说,问责过多过细,势必影响干部工作积极性。

《通知》要求严控"一票否决"事项,不能动辄签"责任状"。有基层干部认为,解决问责泛化简单化问题,关键要降低督查考核频率，提升督查考核实效。比如督查要以"暗访"为主，不干扰基层工作。有问题随时反馈，及时督促整改，但不要高举"杀威棒"，动辄问责。

■问题：
光开会每个村干部每周至少要往乡里跑两次
■对策：
《通知》要求严格控制层层开会，解决文山会海反弹问题

新年刚过不久，Z村的村干部老李已然进入"忙碌节奏"——从周一到周五，每天都要跑乡上甚至县上开会，"档期"满满当当。

周一，村支书带着村妇联主任，到乡上开计生工作会；周二，村支书、主任、会计，还有驻村工作队的干部，一起又到乡上开扶贫工作会；周三，作为涉及的村子之一，到县旦开乡村旅游的项目协调会；周四，到乡上开农牧口关于今年设施大棚建设情况的考核会；周五，县团委又有个会。

会开了就要落实。"县上有多少工作，乡上都得对接，少说也有二三十个分工口线，最后再落实到各个村。我们村干部主要是支书、主任、会计挑大梁，加上扶贫驻村工作队的两三名干部，基本都是身兼数职。一年到头，光开会每个干部每周至少要往乡上跑两次"，老李告诉记者。

有时候，会议与工作落实之间也有冲突。老李说，"开会一般都在工作日的白天，开完会我们这些基层'泥腿子'就得挨家挨户上门统计，白天统计完了，只能利用晚上和周末时间加班加点进行填表总结、上报材料，很多时候加班都干不完。"

有时候，遇到一些急难任务，开完会很快就要落实，也让村干部和驻村工作队员们头疼。老李回忆，有一次关于扶贫方面的调查统计，涉及大量的村民基础数据，村干部们前期统计了两三天。"由于我们对电脑使用不太熟悉，数据录入时出现了错误，怎么也对不上，结果只能全部推倒，将原始数据一个个重新录入。一直加班到凌晨5点多，才赶在第二天上班截止时间前报了上去。"

"上级想到哪了，就下文件让我们基层去落实，各个部门间的工作很多具有重复性，彼此之间却不共享互通，只是让我们去跑腿，不仅增添了基层干部的压力，也让群众有时很厌烦。"Z村的村干部向记者反映，希望各部门间实现基础信息和数据共享。

《通知》要求严格控制层层开会，解决文山会海反弹问题。"上次村里的会计去乡上开林业工作方面的会，要求统计村民退耕还林补贴发放情况，并要求本人签字，结果乡上管畜牧的干部给他打电话，问前天让统计村民牛羊养殖情况的报表咋还没报来"，老李挺无奈，"我们这几天每天一个接一个会，哪有时间去落实工作？盼着《通知》要求真正得到落实。

《人民日报》（2019年03月21日　11版）

端正工作作风　扑下身子实干

——基层干部群众来信反映身边存在的形式主义、官僚主义问题，并就如何整治提出建议

金正波

党的十八大以来，全党上下严格落实中央"八项规定"精神，纠正"四风"取得重大成效。但形式主义、官僚主义在一些地方仍然不同程度地存在。岁末年初，正是各项年终总结、新年规划、检查督导、考核评比、大小会议等任务的集中时段，种种不良倾向更需警惕。

近日，不少基层干部和群众来信反映他们身边存在的形式主义、官僚主义问题，并就如何整治这些问题提出了建议。

事无巨细都开会，会议越开越长
基层干部陪会多

"每到岁末年初，写不完的总结，开不完的会，基层干部疲于应付。"有的基层干部来信诉苦，"上班工作时间是用来开会的，下班

后的休息时间才是用来办公的,加班、熬夜成了常态。"

四川绵阳市读者杨雄说,会议本是传达上级精神,统一思想认识,对重要事项进行研究、决策、部署的重要方式。然而,少数干部大事小事都开会,频次越来越多,会议越开越长,好像只要把会开了,工作任务就完成了。

安徽颍上县读者朱波说,有的乡镇领导平均一个工作日超过一个会,而镇里到县城有两小时的车程,来回路上就得半天,再加上开会半天,一天开一个会,基本上就没时间干别的工作了。不仅如此,很多会都要求一把手去开。其实,有的会由分管干部直接去开就行,而且效率会更高。

四川北川羌族自治县读者夏季伟说,少数地方形式主义会议太多,开会经常让一些与会议主题没关系的单位派人参加,既耽误时间,更耽误其他更重要的工作。

事无巨细都开会,不管啥主题都喊基层干部来陪会,是典型的形式主义。夏季伟认为,莫让开会变"陪会",多些实干风,切实纠正开会必长的现象。"要结合实际情况,哪些部门、哪些人员参会,都应该有个度。"他说。

周五发通知,周一要结果
问计流于走过场

"这哪里是征求意见,分明是在搞形式主义嘛!"浙江开化县读者井夫有一位在某政府部门工作的朋友向他抱怨。前段时间,上级有关部门就 2019 年为民办实事项目向其单位职工问计。广大职工积极响应,纷纷献计献策,单位还专门安排人花了大半天时间把职工计策进行了汇总，交给上级部门。可是，后来公布的项目中，竟然没有一项是从"问计"中来的，也未就职工意见进行反馈。

无独有偶，江苏宿迁市委组织部的读者卢山说，一些单位只"问计"不"纳计"，走过场、搞噱头：有的"线上""线下"齐开工，看似花样很多，却没能"让有发言权的人说有见地的话"；有的表面态度诚恳，实际"心意已决"，再好的意见也"滴水不进"；还有的"掐点"征求意见，周五发通知，周一要结果。空有"广泛征求"的形式，没有虚心接受的诚意。

每天必须在"群"里说话
政务 APP 考核成负累

"有的地方一边直呼形式主义害死人，表示要整治'庸、懒、散、浮、拖'；另一边又在不自觉地做形式主义的事情。"山东威海市读者石志新一针见血。基层是形式主义的受害者，有时也是参与者。

近年来，一些地方为了提升工作效率，推出各类政务 APP，然而在实际操作过程中反而成了基层干部的负累。

"在某个 APP 里，每个科室都设有一个交流群，单位对群的活跃度有考核，每个人每天必须要在群里'说话'。"四川成都市读者杜迟提起一位基层公务员的经历。为了提高活跃度，大家"没话找话说"，甚至开始在群里相互问好，有时甚至连打字都懒得打，发个表情包"意思一下"也算是"点过卯"了。

对此，山东菏泽市读者李伟有切身感受。李伟调研发现，为了推广政务类 APP 和公众号，一些部门一哄而上、竞相比拼，甚至摊派任务，针对个人完成量进行排名。"恨不得把手机给砸了！完成自己的任务已经很不错了，还给村里下了指标，村里有知识、有文化的都在外务工，在家的都是老人和小孩，怎么完成？"某乡的包村干部一肚子苦水。

平日不重视，年终干着急
迎接"年终大考"忙台账

临近岁末，脱贫攻坚、基层党建、综治维稳等各项年终检查、专项考核纷至沓来。云南红河哈尼族彝族自治州金平苗族瑶族傣族自治县委组织部的读者孔德柱在调研时发现，面对上级部门的"年终大考"，一些单位和干部的主要精力都在"理台账"，迎接检查。

孔德柱说，上面千条线，下面一根针，越到基层，承担多少职能，就有多少上级部门要总结。上面通知下来，就得按时按要求交卷。基层干部不仅要承担事务性工作，还得完成这些年终任务，压力的确不小。

他认为，其实，形式主义也有基层干部自身的原因，平日"不重视"，年终"干着急"，为补足工作短板，只能在工作总结和台账资料上"做文章""花心思"。不管平日里开展没开展、落实没落实的事项，但凡列入上级部门考核清单中的项目，都想方设法"照单上菜"。

"最近，朋友年终报送信息所需要的照片找不到了。无奈之下，他找了几名工作人员充当临时演员，按照当时的场景摆拍了几张照片，把信息给报送上去。"上海崇明区读者姚鼎来信反映，少数单位为了应付上级督查，居然想出了直接从网上下载照片的歪招来。

部门扎堆而来,乡镇疲于接待
慰问活动变了味儿

春节将至,各地各部门给困难群众"送温暖"的慰问活动掀起高潮。给贫困户送钱送物,送去了党和政府的关怀,深受百姓赞誉。

贵州关岭布依族苗族自治县读者姚启超来信说,但有的慰问却变了"味"。比如,有的"送温暖"队伍浩浩荡荡讲排场,不考虑困难群众感受;有的"送温暖"扎堆而来,乡镇部门疲于接待应酬,加重了基层负担;有的时候基层干部提前筛选对象,排练好台词,让被"送温暖"对象苦等几个小时后,才能领取一些慰问品,和领导说不上两句话。

姚启超认为,领导干部在深入困难群众家中送温暖的时候,应当认真了解民情、问计问需,帮助困难群众树立生活信心,解决实际困难和问题。

上级不指导只问责
基层应付督查分身乏术

在实际工作中,经常遇到很多督查工作组,云南红河哈尼族彝族自治州委组织部读者刘彦林来信说,在各级下发的督查文件中,"层层压实责任""严格督查考核""层层传导压力"成了高频词汇。

刘彦林说,督查考核的初衷是为了推动上级党委政府决策部署贯彻落实,是为了改进作风,激发干部担当作为。然而,一些部门但凡遇到工作任务,就通过清单、方案、细则等方式全部分解给下级,把工作任务细化到"有会议记录""有工作照片"等等,而上级部门对工作不过问、不解释、不指导,甚至有的更是"今天完婚,明天生娃",下级部门工作推进稍有不力就问责惩处。

有时候,同一个地方一天内来多个督查组,基层干部分身乏术、疲于应付。刘彦林认为,这样的"层层传导压力"实际上是一种"层层推卸责任"。希望各级各部门要真正贯彻中央精神,切实担负起工作责任,转变工作方式,提高督查考核的统筹性、针对性。

一样内容的材料、表格,来回折腾、数次填写 方便了自己,麻烦了基层

一个好的形式可以推动工作开展,但不是所有的工作都千篇一律必须搞个形式。

什么是形式?什么是形式主义?"关键是实事求是,有利于实际工作的就是好形式,影响实际工作就是形式主义。"安徽合肥市的一位基层干部来信说。

"以开会为例,有些会是研究具体问题如何处置的,这种会议形式就有必要;如果一个会只涉及三个部门的人员,却把所有部门的人都喊了去,那就是形式主义。"这位基层干部说,"浅尝辄止"式的调研、"前呼后拥"式的检查、"文山会海"式的执行等,是必须破除的形式主义;而该走的程序不走,该开的会议不开,也会影响正常工作的开展。

"很多事情,表面看是形式主义,其实根子在官僚主义。"北京朝阳区读者刘女士说,材料文书是反映工作的一种形式,但有些领导干部不深入基层、不沉到一线,而是习惯用文件落实文件,用会议落实会议。她建议,上级机关能利用现有数据材料的就不要基层

反复提供，不要为了图自己方便，同样的材料反复要、次次要、年年要。

山东泰安市泰山区总工会副主席陈明来信说，一些单位经常上午发通知，下午就要交，并对字数有明确要求；不同的部门，经常要相同的材料；一样内容的材料、表格，来回折腾、数次填写，等等。

陈明认为，领导部门要多体谅基层、常下基层，尽量少给基层添麻烦、增负担。要多给基层提供帮助，让基层更好地聚精会神搞建设、抓落实、谋发展。

《人民日报》（2019年01月28日　07版）

政绩观不错位　踏实干才到位

丁志军　付　文　张　文　杨文明

几块石头

■**案例**：
耗资 10 万立村碑
发展产业却没钱
■**解法**：完善问责机制，加强离任审计

"花了 10 多万元，就换来几块大石头；说是要立村碑、做文化墙，可发展产业的启动资金，却拿不出来。"西南某县扶贫干部张畅（化名）告诉记者，临近脱贫考核节点，部分扶贫干部"做亮点""过关"的急功近利思想在基层仍然不同程度地存在着。

"我们村好不容易找到一家企业，可以合作建示范基地，想申请使用单位帮扶资金，结果却被'婉拒'，说是资金要拿来做村庄文化建设。"起初，张畅觉得加强村庄文化建设并无不妥，可后来发现，所谓的文化建设，不过是耗资十几万元从外地买回来几块大石头立

村碑。

"从实际情况来看,当下产业发展远比立村碑更重要。"张畅认为,脱贫攻坚项目落地后,大多数村组都已经实现脱贫,接下来扶贫资金花到哪虽然不至于影响到脱贫任务,但会影响到未来稳定脱贫,这些资金的使用依然需要加强监管。

中办印发《关于解决形式主义突出问题为基层减负的通知》指出,树立正确政绩观,把对上负责与对下负责统一起来。就抓落实不用心、不务实、不尽力,口号喊得震天响、行动起来轻飘飘的问题,云南玉溪市通海县委组织部部长陈雪峰说,"防止政绩观错位,干部考核既要看显绩,也要看潜绩;既要看完成指标的情况,又要重视群众满意度。"

当下工作任务重,不少基层干部将大多数精力放在了上级布置的相关工作,特别是有考核指标或者有资金支持的工作。张畅说,"有的干部热衷追求任期内能够干成的事情,对于前任留下的资源则不怎么珍惜,对给下任留下什么也不怎么考虑。"据介绍,有个地方前任领导为了发展旅游,耗费上千万修建了环山路,如今换了新领导,旅游节停办,道路维护减少,路面已经坑坑洼洼了。张畅反映,有时候村里好不容易招来的项目,上级一听说要三年后才能见到效益,立马没了积极性。

"'谁的事情谁去办''不在我任期不关我享',这种观点实际上就是不担当、懒政怠政。"云南昆明市官渡区纪委副书记、区监委副主任魏东认为,"落实《通知》要求,应该完善问责机制,加强离任审计,防止'拍脑袋'决策。""治理形式主义、官僚主义不是非要处分多少干部,但通报一定要指名道姓,发挥警示作用。"云南大理白族自治州纪委副书记、监委副主任赵新光表示。

一笔资金

■案例：

为搞"标准化"迎检

挪用资金被查处

■解法：深挖思想根源，强化决策监管

一则标准化建设检查的通知，让时任四川雅安芦山县文广新局局长陈中献犯了愁："单位大楼前面连 LED 显示屏都没有，电脑、打印机等办公设备也陈旧落后……单位形象不好，怕是很难通过执法大队标准化建设检查。"怎么办？他和局里相关负责人一商量，打起了农村建设资金的主意。

陈中献等人找来"农村广播村村响"项目的施工方商议，用虚列广播设备套取的资金，直接抵扣购买 LED 显示屏、电脑、打印机等设备的费用。于是，芦山县文广新局虚列了 250 根电杆及 87 套材料，折合人民币 13.05 万元，并"完善"了相关手续。由于虚列资金大于后续提供的"装点门面"的设备资金，还造成了 6.65 万元项目资金的流失。

"要保证每一笔财政经费都用到关键处，严禁各种'政绩工程'。"四川省纪委相关部门负责人表示，"个别单位领导注重'政绩工程'，是因为他们认为经过单位班子的集体决策，只要项目资金没有进个人腰包、没有向实施方索要红包礼金就没有问题，这种认识完全是错误的。"

《中国共产党纪律处分条例》第 117 条明确规定："盲目举债、铺摊子、上项目，搞劳民伤财的'形象工程'、'政绩工程'，致使国家、集体或者群众财产和利益遭受较大损失的,对直接责任者和领导责任者,给予警告或者严重警告处分;情节严重的,给予撤销党内职务、留党察看或者开除党籍处分。"陈中献等三人因虚列项目,套取挪用涉农项目资金问题,受到了党内警告处分。

"这起案例暴露出部分党员干部党性不纯、急功近利的问题。"四川省纪委相关部门负责人认为,对照中办近日印发的《通知》,对于华而不实、劳民伤财的"政绩工程",必须从思想观念、工作作风和领导方式上找根源、抓整改,同时严肃问责,警示领导干部摒弃扭曲的政绩观。

据了解,为了整治"政绩工程""形象工程"等,四川省实行目标绩效管理制度,将"形象工程""政绩工程"的整治纳入部门绩效管理有关指标,并实行日常监管与年终考评相结合的全程跟踪问效的动态监管,同时强化项目决策、审批和实施管理,确保政府公共投资能够真正用于促进经济社会发展和民生改善。

一项禁令

■**案例:**

搬迁新房"一刀切"

华而不实添烦恼

■**解法**:广泛征集民意,考核更重实绩

"你们怎么又加盖,赶紧停了!"下乡时,看到贫困户老张家里又在施工,西北某县以工代赈办主任李强(化名)连忙劝说。

按照当地易地搬迁政策,老张一家建起了总面积75平方米的新

房,含卧室、客厅和厨房,都是政府出资。"新家很好,可是没地方做饭,就在院子里支了口锅,这几天下雨,我就再搭一个厨房。"面对县里来的干部指责,老张连忙解释。

"谁说没有厨房,这一间不就是吗?"指着一间6平方米左右的厢房,李强说。

"那么新的房子,咋能烟熏火燎!"老张的妻子忍不住插话。

原来,当地贫困户易地搬迁安置政策标准是人均不超过25平方米,可采取自建、统建、联建、购买商品房等方式,实际中自建数量最多。自2016年至今,当地已经设立40个易地搬迁安置点。

"我儿子马上要娶媳妇儿了,这么小的房子,连媒婆都嫌弃。"老张说。

"政策明文规定,严防贫困户举债建房;借款5万元以上盖房子的,不算脱贫。上边来的考核组一看面积超标,直接说我们把关不严。"李强告诉记者,为了验收通过,他们不得不"严防死守",一律禁止贫困户新建厨房。"说到底,还是政策设计有问题,不顾贫困户千差万别的实际情形搞'一刀切'。最后出了问题,还是我们'背锅'。"

李强的遭遇并非个例。记者在西北某村调研时,村干部张刚告诉记者,该村产业扶贫过程中,只等着听上级领导思路,导致产业没有找准。村里将所有庄稼地改种成梨树,后来领导换了、政策变了,大部分树被砍掉。他说,这种情况归根到底还是因为部分领导拍脑袋决策,一不认真实地调研、二不征求群众意见,一说搞产业就一哄而上,同质化严重导致产品销售困难,最终吃亏的还是老百姓。

西北某省农业大学一位学者认为,产业扶贫是推动贫困地区长久脱贫的根本之计,各级部门要静下心来研究规划、耐下心来服务协调。要完善干部考核机制,对照《通知》要求,把工作抓具体抓深入，让基层干部群众有更多实实在在的获得感。

一堆欠账

■**案例**：
为赶进度变了味
超规举债修公路
■**解法**：项目宁可停下来，也要先把欠账还上

今年春节，苗志刚没敢回家，在外面躲债。

"我不敢面对之前的亲戚朋友，我把他们的积蓄借来给当地修路，但快5年了，钱还要不回来。"谈起讨债经历，苗志刚满腹心酸。

讨债的难受，欠债的更难受。"我们也想还款，但确实没有钱。当时上级要求必须按期完成，个别旗县领导因为完不成任务，还被调整岗位，许多旗县只好硬着头皮加快进度。"一名亲历这项任务的旗县领导告诉记者。

2014年，内蒙古自治区农牧区工作会议上提出，计划利用3年时间实施农村牧区"十个全覆盖"工程，以提高公共服务水平。"十个全覆盖"包括危房改造、安全饮水等基础设施。据介绍，在地方推进过程中，试点的成功让个别领导干部产生了加快工作进度的想法。一些基层干部为了应对上级检查，想方设法往前赶。

"'十个全覆盖'肯定是好事，是惠民工程，但一味求快，好事就变味了！各地项目一窝蜂上马，冲击了市场秩序。"当地一位施工企业负责人介绍，"原材料价格、工钱一时间大幅上涨，原材料紧俏，工人也雇不着。"

有的地方盲目追求工程进度，不仅欠下了债务，还给基层干部带来超负荷压力。"那时候，十几万干部常年驻守在农村，确实很辛苦。"一位乡党委书记说。也有基层干部反映："这几年为还清欠债，占用了基层干部大量时间、耗费大量精力，很多好项目不得不停下来，等还清了债务再继续推动。"

为处理好超常规建设带来的后遗症，内蒙古自治区党委、政府多次召开会议专题研究，要求彻底摸清底数，确保按时支付工程款项。据介绍，目前正督促各级政府拿出兑付时间表和方案，同时防止重复投资、重复建设，巩固好建设成果；为防止工程质量问题和腐败问题，责成审计部门和纪委监委联合办公。

"中办印发《通知》，给我们提出明确要求，也让我们清醒了头脑。为完成兑付，我们勒紧腰带过日子，项目宁可停下来，也要先把欠账还上！"某县一位负责人说。

《人民日报》（2019年03月22日　11版）

文山会海怎么减

顽疾复发

同样的会议多次开,类似的文件重复发,过多工作微信群成了新负担

"光落实一项金融扶贫政策,我们去市里开过一次会后,又去县里开,接着乡镇又开了一次。其实会议内容基本都是一样的,三番五次开同样的会,太耗费精力了。"中部某市某村扶贫工作队长任某说。

很多基层干部反映,目前,跑会、守会、陪会的现象仍然比较突出,有的会议要求传达不过夜,省里开完,市里接着开,市里结束,县里接着开。一个会,开到晚上七八点,很正常。

会议太多,不仅消耗基层干部的精力,也助长了形式主义。一些地方不管什么会议,从常规性的行业会如农业、旅游等会议,到各种专题会,都要求党政主要领导参加,派副职参加就被点名批评。参加一个会议,县乡负责人赶到主会场,单程至少要二三个小时,会议加上往返,一个会议两天时间就没了。

"对于一把手来说,哪一个会议都不能说不重要,你不参加,上级领导认为你不重视,在考核、项目上就会遇到麻烦。"中部某县一

位干部表达了他的无奈。

当前，一些地方，领导干部仍然习惯于以会议落实会议，方式方法单一，这就造成了会议的多、滥、长。东北某市一位基层主官告诉记者，一周开了大大小小快20个会；一位地级市农委主任惭愧地说，"去年一年没有一天到农村去调研。不是不想去，被大大小小的会议缠身，实在走不开……"

会议多了，往往伴随着文件堆积如山。"去年到现在，办公室的打印机用坏了5台，A4纸用了上万张，各种台账、文件、材料都需要乡镇来准备……"西部某县一位乡镇党委书记说，"很多事情还没有多少进展，就先被各种汇报绊住了。""县里各个部门的文件，发过来都堆到我一个人身上，扶贫、民政、水利、妇联、残联的文件，都对接到我这里。"中部某村第一书记庞某说，"每天光处理这些文件，就费好大力气。"

为减少不必要的会，有些地方采用电子化手段比如微信群来沟通。可一旦数量过多，又形成了新的负担。

中部某县交通局办公室主任郭某，加了32个工作群，"市里的、县里的、局里的、条口的，看不过来。有时候怕漏掉重要消息，不得不随时'刷屏'，一条条翻下来，累得眼睛发干发涩，'刷完'才算安心"。

地方探索

改进文风，严禁照搬照抄、层层发文；少开会、开短会，开管用的会

最近，山东省临沂市一份关于城乡社区治理的分工方案即将印发实施，这份方案在征求意见时，各级相关部门普遍反映，认领任务更直观明了、可操作性更强。

不过，这份方案在初报时并非如此。"16页纸、近万字。部门责任分工都放在了文稿的每个段落后面，这种方式过于面面俱到。"临沂市委办公室法规室负责人说。随后，方案被退回，拟稿部门最终删减至6页2900字，"部门重点任务分工"列成"清单"，一目了然。

解决发文过多过滥问题，既要严格把控发文质量，也要着力削减发文数量。

在湖南省常德市，每年年底，市委办集中收集下一年度拟以市委名义发文的计划，对各单位上报的发文计划进行集中审核，对无明确依据和理由的一律不列入发文计划。此外，常德市加强发文必要性审查，严禁重复发文。对主题相似、性质相同的公文进行合并发文，如对市委经济工作会议下发的综治、计划生育、安全生产等单项工作考核通报进行合并发文，将原来的4个文件精简为1个文件下发。

陕西省延安市严格实行文件限额管理，切实精简会议文件，严禁照搬照抄、层层发文现象。限定年度发文总量不超过上年度总数，并保证有所减少，今后除特殊情况外应保持在近5年平均值左右。延安市加强和推广政务OA（办公自动化）系统，扩大使用覆盖范围，减少纸质公文印发数量。建立会议文件考核评价机制，对不按相关规定召开会议和印发文件的，实行倒逼、追责问责机制，并根据实际情况随时通报分析会议文件管理成效。

哪些属于没必要的会？怎样合并才合理？安徽宣城市委副秘书长、市委办主任嵇文认为，除上级明确要求的和考核确实需要的会议以外，能不开的就不开，能合并的就合并。参会人员安排，视会议内容确定，减少"陪会"。

近年来，常德市开展了"多会合一"的探索，大幅精简会议数量和规模,将同一系统的、涉及工作内容相关联的会议,合并起来一道开,实现了"少开会"。

"无会周"是提升开会效率、减少会议数量的一种探索。在宣城市,当地原则上每个月的第二周为"无会周",全年"无会周"不得少于8周。据介绍,"无会周"推行以来,会议时间缩短了,开会讲话发言都直奔主题,简明扼要。为提升效率,宣城很多部门少开大会,多到现场开解决问题的小会、短会。

根治药方

改变"开会就是落实"的观念,顶层设计立下硬杠杠解决真问题

"以前隔三差五分开开的会议,现在条件具备的话,基本选择套开,这为我们节省了很多时间。"山西省吕梁市某村干部说,"减负后,基层干部可以多到村里走走。"

过去,常德市津市毛里湖镇许多老百姓靠生猪养殖谋生,养殖生猪带来的粪便污染,严重影响了农村人居环境。基层力量沉不下去,影响着污染治理。"常德市精简会议和文件后,变化格外明显。我们利用省下来的大把时间进行调查摸底。"毛里湖镇镇长童俊凯说。最终,在当地干部的努力下,毛里湖镇畜禽栏舍总面积4.4万余平方米已完全退出。

《通知》要求,层层大幅度精简文件和会议,确保发给县级以下的文件、召开的会议减少30%—50%。提倡合并开会、套开会议,多采用电视电话、网络视频会议等形式,这在基层干部中引发极大反响。

东部某县曾经出台过整治文山会海的文件,执行一段时间后,

却发现又反弹回潮了。这是为何？"因为市里并没有精简，下发文件还很多，会也开得挺勤。"该县一位干部坦言，"我们尽量少发文开会，省下时间到基层抓落实，表面上看起来就不如其他县做得好。干部压力很大，只能又搞起文山会海，其实还是考核机制的问题。"

"《通知》印发，对整治文山会海进行了顶层设计。"这位干部感慨地说，"这让广大基层干部坚定了信心。落实《通知》要求还有一个过程，力戒形式主义要拿出硬措施，扎扎实实地改。"

"虽然现在各地都在出台具体的精简会议文件细则，但还要强化监管，让制度不空转。"中部某县一位督查组工作人员告诉记者，"在基层做到减负、增效，还需要从思想上转变'开会就是落实'的观念。中央的要求很具体，为基层减负，是为了更好地激励广大干部崇尚实干、担当作为，不能虎头蛇尾走过场。"

"现在真要到基层去抓落实，习惯了蹲办公室的干部就面临本领恐慌。落实《通知》精神，基层干部要增强服务意识，及时转变观念，从无谓的事务中解脱出来后，要多深入基层、深入一线，到群众中去解决实际问题。"东部某县一位干部说。

（综合人民日报记者何勇、王云娜、乔栋、涂靖、潘俊强、龚仕建报道）

《人民日报》（2019年03月25日　11版）

考核重"痕"不重"绩",怎么改

■问题直击

考核忽视结果导向
基层容易学会"见招拆招"

日前,记者在西北某乡采访时,有村干部反映,上级部门的督查检查工作有时忽视结果导向,干得怎么样是一码事,干的过程是否有记录、材料是否齐全是另一码事。结果工作做了,却因为材料有瑕疵而遭到批评,让一些基层干部想不通。

当地县里从组织部、纪委等单位抽调人员组成的督查组,注意力不是放在入户调查上,而是聚焦到材料检查上。有时在材料中发现一两个错别字,督查组成员就质问当地村干部"是不是突击补材料、相关工作到底有没有开展",基层干部很无奈,也很委屈。

该乡乡镇干部坦言,督查考核是指挥棒,重视过程、忽视结果很容易让基层学会"见招拆招",以形式主义应付形式主义,造成恶性循环。

鱼龙混杂、不接地气
有的第三方考核不靠谱

"有些形式主义,真是被逼出来的。"东部某乡镇一位党委副书记坦言,"上级考核督导,都以图片和文字为准,不管成效如何,就看有没有留痕。基层人少事多责任大,上级处处要留痕,造成了基层人员和精力浪费。"

一位乡镇党委书记告诉记者,目前扶贫工作、美丽乡村标准化建设,以及乡村文化工作的考核,都委托第三方进行检查,看似客观中立,实际上很容易造成形式主义。

据他介绍,目前第三方机构鱼龙混杂,水平参差不齐。有些社会组织、高校或企业,看到当前第三方检查评估需求量较大,于是匆忙组成"草台班子",评价标准的制定,既不专业又不接地气,造成上级决策和基层实际的脱离。

"基层工作往往不是标准件儿,地方情况千差万别,用简单僵化的标准来考核,说穿了也是一种形式主义和官僚主义。"这位乡镇党委书记说。

下达任务与实际脱节
做与不做都可能被问责

"县里要求把资金分别入股3家企业,但全镇只有两家企业,怎么做都会违规。"西南地区某深度贫困乡镇一位分管扶贫工作的副镇长告诉记者,上级部门今年给镇里下拨了3笔总额为150万元的资金,专门用于入股镇里的企业,所产生的利润将作为贫困户分红资金，并规定不得调整资金使用方案，也不能滞留资金。

然而，当地能算得上企业的仅有两家养殖场，镇里只好让其中一家接纳两笔入股资金。不久前，县里督查组在检查中发现了这个问题，并向相关部门反馈违规情况，目前正在研究处分意见。"这笔账成了烫手的山芋，如果县里不给出一个明确的解决方案，我们还会再次栽跟头。"

有的任务与当地实际有差距，如果采取常规手段，往往难以完成指标，督查考评自然过不了关。而一旦放手去做，免不了要突破规则，有时甚至弄虚作假。因此，面对艰巨的任务和严厉的考评，基层干部做与不做都有被问责的风险。

■地方探索

云南曲靖沾益区整治"痕迹主义"
"痕迹材料不会说话，老百姓的眼睛可是雪亮啊"

为从源头上刹住考核督查中的"痕迹主义"问题，云南省曲靖市沾益区从年底考核入手主动给基层"减负"，改变以往各部门单列年终考核评比的思路，将党风廉政建设考核及纪检监察业务量化考核等部门业务考核纳入全区综合考核范畴，由区委牵头抽调人员组建综合考核组，对全区各部门业务工作进行集中考核。同时，改变以往考核听取汇报、查阅资料、民主评议、个别谈话、延伸检查等规定程序，提倡实地察看、暗察暗访等灵活多样的考核形式，以提升考核实效。

沾益区西平街道工作人员彭丹介绍，除了不必再反复陪同考核组，更关键的是考核痕迹材料从40多项压缩到了11项，且大多数都是日常记录。"材料少了，考核组有了更多时间入户核查"。

大坡乡纪委副书记张琼龙也深有同感。如今，纪检监察业务量化考核内容，由区纪委监委内设各部室提供扣分依据的比率进一步增加，不需要乡镇提供痕迹材料的已占到1/3。综合考核组下来后，他就没怎么在办公室待过，负责纪检监察业务量化考核的工作人员直接挑选了几位受处分的党员干部进行走访，又对下辖村委会"五级联动"监督平台录入情况进行了抽查。"要是以前，光是材料一天都不一定能看完。"张琼龙说。

单就党风政风一项来说，涉及的村级"三务"公开工作以前需要乡镇提供公开档案、乡镇纪委季度检查台账等，现在区纪委监委通过日常检查就掌握了全区情况，检查时不再需要乡镇提供痕迹，只要再实地察看下公开栏情况便可对应打分。

"痕迹材料不会说话，老百姓的眼睛可是雪亮啊！这样一来，不论是日常监督还是执纪审查工作，基层更不敢偷懒了。"张琼龙说。

近日，中办印发的《关于解决形式主义突出问题为基层减负的通知》着力解决过度留痕的问题，明确提出强化结果导向，考核评价一个地方和单位的工作，关键看有没有解决实际问题、群众的评价怎么样。沾益区目前已开展形式主义、官僚主义集中整治，对不重工作实效重包装的行为从严查处。"集中整治让基层干部轻装上阵聚焦主业，使考核评比真正回归推动工作落实的初衷。"沾益区纪委书记、区监委主任李鸿英说。

/ 打好力戒形式主义攻坚战 /

湖北恩施鹤峰县合并精简微信工作群
"微信群清理整合后,现在感觉手机拿着都变轻了"

"有几个工作群好几个月没有收到工作信息了,想退又怕得罪群主,成了'僵尸群'。"湖北省恩施土家族苗族自治州鹤峰县机关干部陈伟伟说。

"我的工作微信群有50多个,每项工作都有专班,每个专班都有群,让人目不暇接……"鹤峰县容美镇镇长张道勇无奈地说。

工作微信群过多过杂,什么事情都要求"签到留痕",有人在群里"溜须拍马""表功作秀",更有甚者当起了"甩手掌柜",落实工作一"微"了之。微信缠身,应接不暇,曾让鹤峰县不少基层干部饱受困扰。

自今年初,鹤峰县纪委监委全面开展微信、QQ工作群、政务APP清理整顿,责令各单位除领导班子群、机关群、脱贫攻坚群以外,不得另建群;对于重复群、交叉群、"僵尸群",除自查清理外,由县纪委派出监督检查专班,跟踪整改落实情况……截至目前,该县各级部门共精简合并微信、QQ工作群400余个,删除APP10余个。

"微信群清理整合后,现在感觉手机拿着都变轻了!"3月18日,鹤峰县纪委监委在对合并精简微信工作群"回头看"时,该县下坪乡江坪村党支部书记涂启朋发出由衷感叹。

"脱贫攻坚群整合后,所有扶贫干部都在一个群,通知要求一目了然。"容美镇脱贫攻坚办公室干部李发忠连连点赞,清理整顿工作并没有一刀切,重要工作,临时建群,但任务完成后便解散。

《通知》要求坚决纠正机械式做法,不得以微信工作群、政务APP上传工作场景截图或录制视频来代替对实际工作评价。精简合并工作群,只是恩施整治基层形式主义顽疾的一部分。去年以来,恩施"下狠手"简化政绩目标考评指标:全州考核项目2018年减少50%;省对市州政绩目标考核项目,凡是临时突击的指标一律取消;考核牵头单位年终不到被检查单位进行考核,而是根据平时掌握的工作情况和统计部门的相关数据实行"远程诊疗",大大减轻了各单位年底迎检工作压力。

山东青岛李沧区严格管控责任状
"以前签责任状是被逼着干,现在大家都抢着干了"

"责任状有助于督促基层落实工作,但是动辄签订责任状,看似层层压实责任,实则层层不负责任。"说起责任状,山东省青岛市李沧区考核办工作人员王小川深有感触。

《通知》指出,严格控制"一票否决"事项,不能动辄签"责任状",变相向地方和基层推卸责任。在这之前,按照区委区政府的部署,王小川所在的部门联合其他相关单位,自2018年就探索了一系列为基层减负的举措,其中专门提出要解决责任状、责任书过多过滥问题。

李沧区也曾经出现过层层签订责任书、责任状的现象,一些区直部门把属地管理当成了"筐",只要涉及基层的全部都往里装,进行考核,增加了基层的负担。

自2018年以来,李沧区对区直单位滥分任务的情况进行整治,要求未有上级部署、未经区委区政府批准,不设置对街道的考核项目,不对街道分解下达考核任务,坚决杜绝有些部门成为"甩锅侠"。

最近,王小川到街道社区走基层时,有位干部说的话,让他记忆犹新：以前责任状满天飞，许多不属于街道的任务也让我们签责任状，忙活了一年还可能因为哪件事没办好被一票否决，压力太大。现在承担的考核任务少了，干工作更主动了。

为进一步规范考核方式，李沧区在制定综合考核办法时严禁区直单位假借"属地责任"名义将责任转嫁给街道。即使对于下达给街道的考核指标，也要责任捆绑、成绩捆绑。对于应由区直单位负责完成的考核指标分解给街道，街道完不成任务的，将对相关指标牵头单位同步进行处罚，这种责任均担的考核方式受到了广泛好评。"以前各单位对任务都是一分了之，不但不利于工作开展，还助长了人浮于事现象的滋生。"王小川说。

在规范精简考核内容及方式的同时，李沧区持续深化正向激励，实行差异化分配，奖金精准奖励到个人和岗位，重点向基层一线和业绩突出人员倾斜。同等条件下，对街道工作人员奖励上浮30%。

"其实大家也不是在乎有没有奖励，只是感觉到街道工作更受重视了，这让我们很欣慰。以前签责任状是被逼着干，现在大家都抢着干了。"楼山街道办事处主任刘涛说。

（综合人民日报记者刘成友、姜峰、杨文明、潘俊强、范昊天、程焕报道）

《人民日报》（2019年03月26日　12版）

湖南出台 20 条措施，
重拳整治喊口号、搞变通、文山会海等突出问题
减负 每一条都有针对性

王云娜

"'20条'出台后没有逐级发文，只是在媒体上公布，就是为了落实中办《关于解决形式主义突出问题为基层减负的通知》中关于减少发文的要求，并吸引社会各界关注监督，推动将中央提出的为基层减负要求往深里抓、往实里落。"参与起草"20条"的湖南省纪委党风政风监督室主任林彰良说。

3月25日，《湖南省集中整治形式主义官僚主义20条措施》出台，重拳整治喊口号、搞变通、文山会海等突出问题，一时在当地引发干部群众关注。

中办印发的《通知》为解决形式主义突出问题提出了具体要求，湖南出台的20条措施有何新意？重点解决哪些问题？能否取得实效？记者进行了调查。

突出责任

明确解决五大方面问题，每条措施都确定牵头单位、责任单位和完成时限

"措施的出台有其特定的背景。"林彰良告诉记者,1月16日,湖南省委十一届七次全会通过了《关于大力提倡求真务实真抓实干集中整治形式主义官僚主义的意见》。意见第二条"突出集中整治重点"中,列出了尚存的形式主义、官僚主义"负面清单"。围绕"负面清单",本次出台的措施提出了切实可行的解决方案。

"'20条'明确了整治的时间表和路线图。每一条措施都确定了牵头单位、责任单位和完成时限,责任清晰、任务明确。"林彰良解释道。

对照意见,"20条"明确解决五大方面问题:着力解决喊口号、装样子、搞变通等问题,不折不扣贯彻落实党中央重大决策部署;着力解决消极应付、事难办、新官不理旧账等问题,更好地联系群众服务群众;着力解决乱拍板、不担当、弄虚作假等问题,保障和服务经济社会发展;着力解决学风漂浮、文山会海、检查考核调研过多过频等问题,切实为基层干部松绑减负;着力解决落实"三大攻坚战"、创新引领开放崛起战略、产业项目建设不力等问题,推动重点领域和专项工作见实效。

"我们在日常监督中,发现一些普遍存在的形式主义、官僚主义问题,针对这些问题制定相应措施。"参与意见、措施起草的省纪委党风政风监督室干部陈辉云说。

去年8—9月,湖南省纠"四风"治陋习专项整治办检查抽查各市州、省直单位门户网站和服务热线电话,陈辉云参与其中。此次抽查发现,有一些政府门户网站长时间不更新、部分单位服务电话长时间无人接听。

"服务电话形同虚设,这是'放管服'过程中存在的形式主义、官僚主义。"陈辉云说,起草组认为应继续关注"放管服"改革领域,解决便民服务"僵尸化"等问题。

为了让"20条"内容贴近基层需要,起草组成员多次深入市县乡村调研,召集党政机关干部、人大代表、政协委员、村干部和群众座谈,倾听大家的心声。

"一些地方为了紧跟上面,提出不着边际的空口号。例如县里提出建设'四个某某县'的口号,乡里就来个建设'五个某某乡镇'的口号,而一个村甚至提出了发展'五大主导产业'等'高大上'的目标。"陈辉云说,这些不切实际的口号,背离了求真务实、真抓实干的精神。

这一不良现象,也成为重点整治的内容。措施的第三条明确规定,"不层层提空洞的新口号、新思路,不提不切实际的目标、指标、任务、要求,并根据实际进行清理。"

靶向攻坚

对标中央要求,就整治文山会海、规范督查调研等4个方面提出具体措施

"'20条'中,每一条都对标中央要求,就整治文山会海、规范督查调研等4个方面提出具体措施。"林彰良说。

"起草组先后多次集中征求各部门的意见,力争每条措施都有针对性,落到实处。"据湖南省纪委党风政风监督室副主任郭罡介绍,张家界市委提出在"切实为基层干部松绑减负"方面,增加"清理规范网络学习平台"内容;益阳市委提出在"着力解决乱拍板、不担当、弄虚作假等问题"方面,增加"严格落实'一把手'末位表

态制度"。

"'20条'亮点颇多,例如提出各级党委、政府召开的会议,除法定会议外,原则上只安排1位领导作主题报告或讲话等。"陈辉云说。

"我们从一些案件中发现一个普遍现象,一些领导干部不担当、不作为,面对分管范围内的请示事项,只画圈签字、不表明态度。一旦出了问题,就以没有表态为由逃避责任,这是典型的官僚主义。"在审阅措施时,湖南省委常委、省纪委书记、省监委主任傅奎提出,在"着力解决乱拍板、不担当、弄虚作假等问题"方面,增加一项内容——领导干部对分管范围内的请示事项必须签署明确、具体的意见。

有的领导干部只管自己任上的事情,对历史遗留问题不理不睬,群众对此反映强烈。为此,"20条"中明确开展治理"新官不理旧账"行动,要求各级各部门全面梳理历史遗留问题,实行销号管理。"省级层面的政策措施中第一次明确提出要解决这一问题,表明了省委的决心,相信会取得较好的效果。"傅奎说。

抓好落实

推动有关决策部署一项一项变为实际行动、实际成果

20条措施、4000来字,措施出台前经过"千锤百炼",力求行文规范、通俗易懂,践行了转文风的要求。

"内容上不再'穿靴戴帽',没有一句空话套话,而是开门见山、简明扼要。"林彰良说,在"推动重点领域和专项工作见实效"方面,原本有一条写的是"扎实推进污染防治"。集中讨论时,大家感觉到

这句话有点"虚",将其改成了"强化污染防治责任",强调责任意识、推动工作落实。

"20条"中有一句话:"开展治理'新官不理旧账'行动"。但这句话最开始的表述并不是这样,初稿中写的是"开展'新官清理旧账'行动",后来简写为"开展'新官理旧账'行动"。

改写俗语,是否合适?经过一番"辩论",大家认为这样的表述有些词不达意、让人费解,最终决定改为现在的说法——"开展治理'新官不理旧账'行动",让广大干部群众一目了然。

措施发布,要求有回音。

湖南省政府推出了"一件事一次办"改革,深入推进简政放权、放管结合、优化服务。

3月25日上午,湖南省委第五轮巡视工作动员部署会召开。会议时间控制在1个半小时之内。会议明确巡视要紧盯不敬畏、不在乎、喊口号、装样子等错误表现,以及空泛表态、应景造势、敷衍塞责等突出问题。

"过去不是没有好文件,而是没有落实好。"许多基层干部表示,对形式主义、官僚主义痛下重拳,才能形成风清气正的政治生态、干事创业的良好氛围,推动有关决策部署一项一项变为实际行动、实际成果。

《人民日报》(2019年03月29日 11版)

板子要打准 问责促尽责

潘俊强　罗艾桦　李　纵

规范问责

山东某县级市防止将"层层传导压力"变为"层层加码问责"

一年多前，郝理（化名）一名同学的经历，让他很感慨。郝理是山东某县级市的一名乡镇干部，他的同学负责辖区内环保污染整治任务。这名干部吃住在一线，一个多月没回家，因为兜里揣着问责书，任务不完成就得继续干。然而，辖区内的环境问题长期存在，解决需要过程，"他干得确实很卖力，但还是被问责了。"

"落实"二字千斤重，这里的"千斤重"不光是职责所在，在郝理看来，更现实更直接的还有身体乏累和心理压力。郝理说，虽然有工作分工，他却什么都得干。只要上级部门要求镇上干的，他基本都会参与。"有的市直部门把本该自己负责的事甩给基层。"郝理说，一些工作从"抓基层促落实"变成了"问责基层抓落实"，把落实的任务甩给基层，把责任下移。"需要签责任状的工作有很多，签完再弄个考核办法，然后打分排名，干不好就问责。'婆婆'太多，大家只能使劲向前冲。"

即使卖力干仍然被问责，种种问责泛化、简单化，以问责处分来推动工作的情况，让一些基层干部压力很大，有的因怕被问责弄虚作假，有的当起了不作为的"太平官"。在外读过大专的郝理有一些同学朋友的资源，此前，他也想在招商工作上出出力。"但一想到会不会被上级问责，我就打消了这个念头。"这些都是郝理的顾虑，担当作为没准还被处分，不干不错，少干少错。"以前，这种心态在基层干部中或多或少存在。"

不过，自去年以来，山东出台措施规范问责追责，严禁将是否问责、问责数量多少作为评判落实效果的依据；不能"为问责而问责"，坚决杜绝以问责指标"搏政绩"；不能"以问责代替整改"，防止将"层层传导压力"异化为"层层加码问责"。"我们要坚持严管和厚爱结合，严格遵照《中国共产党问责条例》，真正起到问责一个、警醒一片的效果，有效解决问责不力和问责泛化简单化等问题。"山东省委相关部门的工作人员表示。

一段时间以来，郝理所在的市规范了问责主体，也精简了问责事项。"清理了过多过滥的责任状、军令状，还强调慎用问责。"郝理说，这两天，他已经把为镇上招商引资的想法向领导汇报了，这次他打算真干起来！

澄清保护

广东佛山一年为842名干部正名，严肃查处诬告陷害行为

"佛山某单位两名领导干部赵进（化名）、张传（化名）违反组织纪律，蓄意诬告陷害他人，被给予党内严重警告处分。"近日，广东佛山市纪委监委通报了这起党员诬告案，在当地干部群众中引发

热议。

该案中被诬告人冯强（化名）激动地说："之前单位流言满天飞，严重影响我的工作状态，现在组织帮我查实澄清了问题，心里的包袱放下来了，又有了干事的劲头！"

原来，赵进、张传在冯强竞岗期间，多次借用他人手机向单位领导、群众传播关于冯强的恶意举报短信。上级单位纪委在接到举报后，迅速对相关情况进行核实，经查发现举报反映问题失实。眼看目的没达成，两人变本加厉编造匿名信，买通路边摩托车驾驶员，派发给单位领导和员工，以达到干扰组织选拔干部工作的目的。

此事引起上级部门党委高度重视，去年5月联合纪检监察、公安机关查实了诬告陷害行为，随后在该单位召开通报会，对失实举报公开澄清。

"我们要认真核查群众举报的每一条线索，在严厉惩治腐败的同时，保障党员权利，及时为干部澄清正名，严肃查处诬告陷害行为，绝不能让党员干部因此'寒了心'。"佛山市委常委、市纪委书记、市监委主任梅河清说，佛山探索建立匿名或重复等疑难信访举报公开澄清机制，近一年多来，共为842名受到不实举报的干部澄清正名。

此外，佛山还对诬告错告行为形成常态化查处、长效化震慑。去年，佛山市委出台了《佛山市关于严肃查处诬告陷害信访举报行为的意见（试行）》，对故意捏造歪曲事实、诬告陷害他人的，依纪依法追究责任，并细化认定规则、追查分工程序以及结果反馈和澄清保护机制等。同时，在选人用人、评优评先等方面，各级纪检监察机关对有"硬伤"的干部坚决亮"红灯"，对有反映但经查失实的干部开"绿灯"。

去年，佛山市各级纪检监察机关共对 12154 人次进行廉政审核，其中，对 421 名有信访举报但经查失实的干部"开灯放行"。

精准监督
广西出台办法细化 17 类情形，明确问责对象和程序

"鉴于周云（化名）等人是为了推动当地产业发展，不存在为个人、他人谋取不正当利益行为，产业奖补受益人为我县辖区群众，并且也是积极响应我县'半亩金桔助脱贫'的号召，给当时处于观望状态的群众起到了较好的示范带动作用，建议从轻处理。"3 月 18 日，从县纪委监委获悉对自己的处理意见后，周云心服口服了。

周云是广西柳州市融安县潭头乡人民政府干部。去年 8 月上旬，融安县纪委监委收到县审计局移送的一条问题线索：融安县潭头乡龙某某夫妻承包融水县某村集体土地约 202 亩种植滑皮金桔，领取融安县产业补贴 180450 元，违反《融安县金桔产业发展扶持办法》有关规定。

"这件事由周云等一力推动，涉嫌错发产业补贴。"接到线索后，2018 年 8 月 24 日，融安县成立调查组对涉案人员进行立案审查调查。

调查发现，在融安县推动当地特色水果产业化发展的过程中，经过周云等人的鼓励动员，龙某某将原计划种桉树的承包地改种金桔，却忽视了承包地的性质。

"周云等人未将土地权属问题反映至县金桔产业开发领导小组研究，在未确定是否享受产业奖补的情况下就将其纳入，致使上述'错补'问题发生。"

自 2017 年以来，《中共广西壮族自治区委员会贯彻落实〈中国共产党问责条例〉实施办法》出台，从问责情形、方式、程序等方面细化了17类问责情形，推动精准问责。

"周云是乡党委委员，适用该办法。在按程序听取被问责对象的陈述和申辩后，我们认真比照办法中细化的问责情形，综合研判后认为周云的违纪情况轻微，可以从轻处理。"调查组负责同志介绍。

"我们在启动问责程序时，不能以偏概全、为了问责而问责，更不能动辄问责，应开展精准监督、精准识别、精准处理，提高问责精准度，营造担当可贵、实干光荣的良好政治生态。"柳州市委常委、市纪委书记、市监委主任钟山说。

《人民日报》（2019年04月01日　10版）

情到了，气更顺了

尹晓宇

只有捧着一颗真心，多走、多看、多听、多想，切实为群众办好事、办实事，一身本领才能派得上用场。

秦泗花干调解工作近 20 年了，是个"老社区"，她调解过的矛盾自己都数不过来。遇到棘手的事，群众点名必须让她去。问她调解有啥秘诀，她总结道：调解是个技术活，要想双方都满意，得不耽搁、情理兼顾、真办事。

秦泗花是江苏连云港市连云区墟沟街道南巷社区党委书记，她的手机 24 小时开机，号码对全社区公开。经常晚上七八点钟接到需要调解的电话，她二话不说，只要没有实在走不开的事情，就立即赶到现场。"第一时间去，群众觉得受到尊重，气先消了一半。"秦泗花说，减少矛盾的发酵时间，为调解争取更大空间。

有一次，一位大哥新买了个三轮车，得从隔壁老奶奶家门口平整出一条小路过车，结果没谈拢，俩人就吵起来了。接到情况，秦泗花立刻往他家赶。

院子里，俩人正掐架，秦泗花也不评理，握着老奶奶的手坐下来，先让她说。等老奶奶说完了，再让大哥说。两边都讲完了，秦泗花还是没有表态，只是跟他们拉家常。看似是闲聊，实则在找俩人的心结。大哥经济拮据，指望拉活挣钱，别无选择；而老奶奶家门口活动空间小了，心里自然堵得慌。

"这事儿不能光讲理，要让大家说，先把气发泄出来，然后才能两边劝，让彼此换位思考。要是都带着气，怎么能让步？"秦泗花总说，调解是个技术活，技术过硬才能行。"在咱自己家，也不能天天给老人讲理吧？情理情理，情到了，气顺了，理就更好讲了！"

调解若不带着"情"，光靠技术，而不站在群众的立场为他们真办事、办实事，那么技术就成了花架子，反而容易引起群众的反感。

笔者在基层发现，但凡是调解干得好的，一进社区就不停地有人打招呼。可见，是不是真心为群众办事，百姓心里都有杆秤。曾经，有片山区环线居民在路边修了旱厕，后来，市里要拆除，有居民不同意。调解员提出，山上租户多，拆了旱厕的确不方便。于是一边跟当地居民协调，一边邀请区街相关部门实地考察，修建了两座公厕。既解决了卫生问题，又便利了周边居民。

棘手的矛盾，为啥能化解？理由很简单，常年和群众泡在一起，真正站在他们的角度解决问题，就会赢得信任和支持。只有捧着一颗真心，多走、多看、多听、多想，切实为群众办好事、办实事，一身本领才能派得上用场。

《人民日报》（2019 年 03 月 25 日　11 版）

江西出台三十条措施
整治顽疾　力求实效

郑少忠　魏本貌

■全省性重要会议的讲话、报告等，一般控制在 90 分钟以内

江西省委近日印发《关于力戒形式主义为基层减负的三十条措施》，着重引导党员干部树立正确政绩观，深入整治"怕慢假庸散"等作风顽疾，坚决查处困扰基层的形式主义、官僚主义突出问题。

大幅精简文件方面，明确 2019 年以省委和省委办公厅名义印发的文件总量减少 20% 以上；除有明确规定外，各地各部门贯彻省委文件一般不制定实施意见和实施细则，切实解决照搬照抄、层层发文问题。大力压缩会议方面，明确 2019 年省市县三级会议总量减少 30% 以上；全省性重要会议的讲话、报告等一般控制在 90 分钟内，主持讲话一般控制在 20 分钟内。

规范督查检查考核方面，倡导以暗访为主的真督实查，调查研究合理安排线路，避免扎堆调研，杜绝应景式调研。改进问责追责程序方式方面，对仅列举出违纪、职务违法犯罪行为名称、无实质内容的检举控告，不予受理，做到严肃、规范、精准、慎重问责。完善激励关怀机制方面，研究制定容错纠错和为受到不实举报干部

澄清正名的具体措施，严肃查处诬告陷害行为，细化党内关怀帮扶办法。

此外，江西将建立省级层面整治形式主义为基层减负专项工作机制，统筹协调推进"基层减负年"工作。

《人民日报》（2019年04月03日　10版）

河北激励干部担当作为
细化落实　松绑减负

史自强

■除党中央、国务院和省委、省政府明确规定事项外，不设"责任状"

河北省委办公厅日前印发《关于解决形式主义突出问题为基层减负的若干措施》。

《措施》要求，一是大力精简文件改进文风，确保发给县级以下的文件减少30%—50%；省委、省政府政策性文件原则上不超过10页。二是层层精简会议改进会风，实行会议计划管理，2019年会议数量较2018年减少30%—50%；切实改进文风会风，单项工作会议一般不超过半天，电视电话、网络视频会议一般不超过90分钟。三是统筹规范督查检查考核，严格控制总量频次，省直有关部门原则上每年搞1次综合性督查检查考核；除党中央、国务院和省委、省政府明确规定事项外，一律不得设立"责任状"，变相向地方和基层推卸责任。

同时，《措施》还规定了激励性措施，以推动干部担当作为。据悉，河北将强化干部选任基层导向，对基层干部特别是在困难艰苦地区工作和奋战在脱贫攻坚第一线的干部,实绩突出的优先重用。推动编制资源向基层倾斜,充实加强基层一线工作力量,定期拿出适当数量的乡科级空缺职位选拔乡镇事业单位优秀干部。落实乡镇工作补贴政策,标准向艰苦乡镇倾斜,确保乡镇干部工资收入高于县直同职级干部水平。

《人民日报》(2019年04月03日 10版)

新疆昌吉州开展清理规范，把干部从应付填表中解脱出来
少了292张表格以后

李亚楠

"表格满天飞、档案到处堆、会议时时催"，说起以前的工作状态，新疆昌吉回族自治州昌吉市建国路街道锦绣社区党委书记苏红娟常常感到捉襟见肘。

改变从昌吉州党委组织部下发《关于清理规范基层填报表格的通知》开始，通知将涉及全州所有工作的5类192项313张表格压缩到21张。苏红娟说，"去年表格减负以来，尤其是前不久中央下发减负通知以后，工作负担明显减轻了，有更多时间去为群众解决问题。"

■填表困扰
一项工作反复采集数据，专人熬夜填表曾是常态

说起以前的日常工作，昌吉市城市管理局驻锦绣社区工作队队员段春妮一肚子苦水，因为她要负责填写大部分表格，被大家戏称"表姐"。

"天天陷在一堆表格里，而且经常是'立即要、立马报、事不过

夜'。"过去，段春妮加班填表是常有的事儿，压根挤不出入户走访的时间。

同样苦恼的还有昌吉市三工镇长胜村的基层干部，昌吉州党校驻该村干部马玉霞去年之前平均每天要填四五套表格，"这还不是全部，我们是每个人负责自己工作分工内容的表格。"

涉及村民基本信息的表格，两三个小时才能填完一户人家。2017年某个部门下发了一张表格，驻村工作队只好从党校抽调了20人帮忙填表，天天填到半夜。马玉霞回忆，"有几次，加班到凌晨五六点，最后把所有表格打印出来用掉了好几箱打印纸。"

一要数据，任务就逐级下沉，最终全部落到了基层干部身上。"为了掌握工作落实进度，有些县市和乡镇就频繁制作下发表格，层层添加统计项目。"昌吉州组织部副部长宋志武说，一些本应由行业部门和乡镇填报的表格，也直接安排给了基层单位。

计生、社保、综合治理等部门各有各的信息平台，但平台互不兼容，信息数据无法共享，一项工作因不同部门的表格格式或者分类不同，就要反复采集、重复录入。

"有些表格要求上报时间紧，工作人员只能根据平时掌握的数据临时估算填写，造成数据失真，既无法准确掌握工作推进情况，也影响上级科学决策。"宋志武说。

■卸下负担

表格从313张缩减到21张，开发服务平台实现信息共享

"基层干部压力太大，也影响了实实在在的工作，必须得改！"昌吉州党委常委、组织部部长孟汉江决定动真格。

昌吉州组织部门组织了两组人到村和社区调研，摸清情况。"梳理发现当时基层组织需要填报的表格共有 5 类 192 项 313 张，除州本级下发的 25 张之外，其余均由县乡自行下发。"参与调研的昌吉州委组织部调研室主任赵宏强说。

情况摸清楚之后，昌吉州委组织部召集各县市、部门负责人开会，商讨压缩精简的具体事项，"这样的会我们开了好几次，谁都说自己的表格不能减。"宋志武挨个做工作，最终把表格精简到了 4 类 21 张。

表格精简，会不会造成数据滞后，影响正常的工作？一些县市、部门负责人有疑惑。"可以通过打通各部门的信息壁垒，盘活存量数据、激活增量数据。"昌吉州委组织部相关负责人的介绍，打消了他们的顾虑。

据介绍，昌吉州有关部门新开发了昌吉基层党建管理服务平台，通过公安网络将当地人口情况基础数据全部导入，这类数据不再需要基层填报。该平台还开发了手机 APP，基层干部可随时拍照上传。"这是我们 3 月 12 日开社区党总支委员会的照片，现场拍照上传就可以了。会议室马上要装摄像头，可以实时抓拍自动上传。"锦绣社区党委副书记朱斌告诉记者。

据悉，基层党建管理服务平台运行后，所有基层单位和行业部门都可以通过自己的端口登录使用，基层单位上传资料后，各部门利用统计功能就能拿到需要的数据。段春妮说，现在就 21 张表，基础数据填好存档，哪个部门要数据，更新实时数据之后，直接发过去就可以，不用再额外填表。

此外，昌吉基层党建管理服务平台还可以实现信息数据一次录入、多方共享，"目前正在开发'网上表格办'板块，今年上半年可以投入使用，到时候基层干部可以网上传输填报，谁需要相关数据自己去下载就行了，能更真实准确了解工作进展。"宋志武说。

■防止反弹
常态化监管、倒查式追责，乱加表格将影响单位考核

自从中央将2019年作为"基层减负年"之后，昌吉州加大力度防止反弹，对未经审批私自下发表格的，要严肃惩处。

"目前基层填报表格的压缩率达到了93%，我们还对报表报送周期进行了规范，现在季报表和年报表占了大多数。"宋志武说。

为了防止清理之后可能出现的反弹、变相增加等情况，昌吉州从审核准入、考核评价、责任追究等方面建立长效机制。据介绍，表格清理规范简化工作已经纳入绩效考核范围，作为单位及主要领导年度考核评优的重要依据，对工作不彻底、准入制度落实不到位的，扣除单位绩效考核相应分值，单位领导班子年度考核不得评定为"好班子"，主要领导不得评先评优。

21张表是固定的，如果工作情况发生变化，需要基层多填报表格，如何处理？昌吉州要求，在21张表之外，若因新增工作内容需要增加表格，必须由相关部门审核，未经审核的表格，基层单位可以拒绝填报并举报。

为推动表格减负落实到位，昌吉州严格常态化监管、倒查式追责，组织部门在日常工作调研中增加了一项工作，就是了解基层表格填报情况，一旦在基层发现下发表格、转嫁表格、变相报送表格的，不但要严格追究单位主要领导的责任，还要追究具体制表人的责任。

半年多来,宋志武接到了3起举报,"其中一起是因为新增工作内容而增加表格,但与现有21张表有很大重复,也没有经过审批;另外两起完全是随意下发。针对这3起举报,我们都约谈了相关领导,并做了限期整改。"

"自从去年'表格'减负以来,基层工作的确有了很大变化。"苏红娟说,"大家能够把更多的精力放在解决问题上,而不再是解决'数据'上了,希望这种状态能够一直保持下去。"

"今年是'基层减负年',中央对基层减负提出了更多要求,接下来我们打算继续压缩表格数量,争取做到一类工作一张表。"宋志武说。

《人民日报》(2019年04月10日 10版)

中办《通知》下发一个多月来,各地狠抓落实
减负措施 怎么细化

易舒冉 史自强 游 仪 李家鼎

"现在,我们评优评先更看重工作是否解决了群众的实际诉求,不再以台账、照片等材料为重了。"提到基层工作的新变化,吉林长春二道区容光街道干部小康高兴地说,"重痕不重绩的观念变了,我们的工作负担轻了,也提质增效了。"

中共中央办公厅印发《关于解决形式主义突出问题为基层减负的通知》(以下简称《通知》)一个多月以来,各地如何细化《通知》要求?有哪些创新举措确保负担真减、实降?基层单位在减负过程中遇到了哪些挑战?记者分赴河北、安徽等地展开调查。

刚性要求
做到有什么问题就解决什么问题、什么问题突出就重点解决什么问题

同样的会议多次开,类似的文件重复发,一些基层干部曾被文山会海所困扰。怎样细化《通知》中"着力解决文山会海反弹回潮"的要求?多个地方对标中央精神,出台具体措施,明确时间节点,

让基层减负工作易操作可监督。

在江西,省委印发《关于力戒形式主义为基层减负的三十条措施》(以下简称《三十条》),明确2019年以省委和省委办公厅名义印发的文件总量减少20%以上,其中发给县处级的文件减少50%以上;2019年省市县三级会议总量减少30%以上;各部门召开的工作性会议,原则上每年不超过1次。

"《三十条》提出了一系列刚性要求,就是为了提高减负工作的针对性和操作性,紧贴基层干部的工作实际和诉求,做到有什么问题就解决什么问题、什么问题突出就重点解决什么问题,让基层干部有实实在在的减负获得感。"江西省委办公厅副主任张锋说。

除了量化文件和会议的总数,浙江、陕西等地还细化了文件字数和会议规模。浙江规定省委、省政府主要领导同志的讲话通报稿字数控制在6000字以内,其他省领导的讲话通报稿字数控制在4000字以内,各地各单位向省委、省政府报送请示报告要简明扼要,请示应当一文一事。

陕西则规定一般业务性会议,不邀请省委、省政府分管领导出席,不要求市县分管负责同志参加,参会人数最高不超过150人、会期不超过半天。

有了细化可操作的减负措施,落实责任人和时间节点也不能少。湖南出台的《湖南省集中整治形式主义官僚主义20条措施》涵盖整治文山会海、规范督查调研等5个方面的内容,为了达到"见效快、能落实"的减负效果,每一条措施都明确了牵头单位、责任单位和完成时限。

结合实际

共享考核数据,调整调研形式,各地相继出新招破解形式主义顽疾

2019年是"基层减负年",一些地方除了细化《通知》要求,还结合实际情况,出台新办法,破解形式主义顽疾。

"少开会、开短会,开管用的会"是《通知》里明确提出的要求,青海、河北、浙江等地在此基础上,提出了"无会周"和"无会月"的做法,进一步帮助基层干部从不必要的会议中解脱出来。

考核做减法,效率做加法。督查检查考核过多过频、过度留痕也是《通知》要求着力解决的问题。在提升督查考核工作成效方面,"数据共享"成为多省共识。

河北明确要实行成果数据共享,推进督查检查考核信息化系统建设,整合各方资源,对审计、统计、巡视巡察、督查检查工作成果,实现数据互通、成果共享,最大限度减少重复性材料报送和报表填报。

青海则规定省直部门不得擅自组织以地方党委和政府为对象的督查检查考核,省直部门调研指导业务性、日常性工作,不能冠以全省督查、检查、巡查、巡察、督导名义。同时充分运用"710"督办系统等信息化手段,推行第三方抽查评估,提高督查质量。

形式做减法,内容做加法。多地在落实《通知》提出的"调查研究、执法检查等要轻车简从、务求实效,不干扰基层正常工作"基础上,还对调研时间、规模、方式严格控制,坚决反对"盆景式"调查、"花架子"研究。

陕西明确,省委常委每年调研不少于60天,提倡蹲点式、解剖

麻雀式调研和不打招呼、不要陪同的随机调研。坚决杜绝为迎接调研制作展板、装饰布置等现象，不悬挂欢迎横幅或用电子屏显示欢迎标语，不使用无线话筒、耳麦和便携式音响。

贵在坚持

转变思维定式，改变工作习惯，把主要精力用到干真事、干实事上

落实减负要求，离不开基层单位的主动作为。《通知》指出，"进一步改革会议公文制度，选择一些地方和单位开展治理文山会海工作试点"。

自《通知》出台后，河北沧州市沧县李天木乡开始实施例会削减计划。周一上午，乡领导班子成员在工作群中发布本周工作计划，周五下班前，汇报计划完成情况。通过不开会的形式，快速反映工作进展，直击问题，提升效率。

与此同时，对于重要会议，李天木乡探索实施"一揽子"开会制度，将会议整合，大幅压缩开会时间。目前，李天木乡将2019年第三次乡村干部大会和集体资产清查、壮大集体经济、环境卫生整治、精神文明建设、土地违法治理、环保治理等6个会议整合召开。

在李天木乡党委组织委员孙丙朋看来，会议压缩以后，有利于基层政府工作人员集中精力去攻坚克难，提高时间利用的有效性，从而释放更多生产力。"希望这种状态能够一直保持下去"。

《通知》出台半个月后，安徽省人民检察院也列出了一份属于自己的"减负清单"。清单中规定，除中央、省委和最高人民检察院明确要求的事项外，省检察院不再自行提出留痕事项，这让芜湖市镜

湖区人民检察院检察官汤恒明感觉轻松了许多。

"我们以前处理公益诉讼案件,要求事事留痕迹,不仅要提供文字材料,还要拍照、录像。但有些行政单位不愿意录像,光说服他们就要花不少时间。省院减负清单出台后,我们留痕的时间少了,处理案件的时间多了。"汤恒明说。

"基层减负工作推进以来,我们对于可开可不开的会议,尽量不开;对于需要开的会议,尽量套开。但一些基层人员还是存在把多开会、多发文等同于工作做好了的思想,如果不开会,就觉得工作没了抓手;不发文,就不知工作该如何落实。"安徽省人民检察院办公室副主任李大伟说:"下一步,我们将努力转变思维定式,改变工作习惯,促使大家把时间花在办案上,把主要精力用到干真事、干实事上。"

《人民日报》(2019年04月16日 11版)

流程图，从 14 米减到了 4 米

李家鼎

石松的办公室内，收藏着他精心绘制的 6 张流程图。

按照发改部门的分类规则，这 6 张图是过去和现在的各 3 张审批流程图，包括三类，政府性投资类、企业投资核准类和企业投资备案类。6 张图全部用宽 60 厘米的 A2 纸张连接打印，最长的一张是一年多前的企业投资核准类审批流程图，长达 5.5 米，而如今，这张图只有 1.3 米。过去这 3 张审批流程图总长近 14 米，今年总长变成了不到 4 米。

去年，石松从吉林市政府办公室督查室借调到市政务大厅工作，任投资项目服务综合窗口负责人。"企业做项目程序繁琐、阻碍重重。"石松并不掩饰一年前企业办手续的阻碍，"长久以来，不管是国企、民企还是外企，都有不少怨言。"

"这些图记录着吉林市审批流程改革的昨天和今天，有过去的'烦恼'，也有如今的'清爽'。"石松说。

症 结

各部门沟通不畅,三个"不知道"拖慢进度

虽然和政务窗口打了20多年交道,吉林市龙宽工贸公司员工安德林却似乎一直"迷糊"。

老安在吉林市挺有名,由于熟悉企业投资审批的各项流程,20多年来,有10多家公司专门聘请他作"项目专员",其中不乏投资金额高达10亿元级别的大工程。为了一个项目,老安曾经要跑几十次政务大厅。

跑得次数多了,老安的脾气也越来越大。"前一个审批事项往往是后一个的前置要件,各个部门之间缺乏有效的沟通,互相扯皮推诿,甚至同一部门不同办事员的口径都不一致,问多了人家就烦了。"有好几次,老安因为办事员的态度急了眼,在政务大厅拍了桌子。

接手工作后,石松接到的第一个任务就是弄清楚这其中的缘由。通过前期调研,他总结出了三个"不知道":项目要哪些部门来批,企业不知道;需要审批什么,企业不知道;企业要为此准备哪些材料,不知道……

石松和同事们用"解剖麻雀"的方法对审批事项、要件逐一拆分,找部门座谈、去企业走访。经过梳理发现,吉林市企业投资核准类项目审批事项89个,企业投资备案类项目审批事项78个,政府性投资项目审批事项84个。更为庞杂的是审批事项涉及的要件,三类项目的要件数分别为373个、322个和358个。

很快,反映这些审批事项、要件的流程图就被绘制出来。石松说,从流程图可以看出,很多企业所面临的三个"不知道"问题,表象是审批要件的重复,根本在各部门的业务壁垒。

针对此问题，吉林市成立了以市委书记、市长为双组长的"只跑一次"改革办公室，全力推进审批改革。"这是一次'刀刃向内'的改革，目的就是通过'只跑一次'改革，重塑全市良好的营商环境与干部队伍作风。"石松深有感触。

针对投资项目审批的一系列难题，吉林市设立了市、区两级统一的投资项目审批服务综合窗口，《吉林市投资项目审批管理暂行办法》明确规定："市政务公开办公室在市政务服务大厅设立投资项目审批服务综合窗口，负责投资项目审批日常管理工作，一窗受理，统一出件。"

改 变

综合窗口统一受理，76份申请表变为1套申请书

今年初，老安接了一个硫黄制酸项目新建厂区的活儿。"本来已经做好打持久战的准备。"可没成想，在工作人员的引导下，老安在综合窗口半小时内就提交完了所有材料。"材料很全，回去等信儿吧。"工作人员笑脸相送。

石松说，针对企业反映最为强烈的审批要件重复问题，综合窗口设立后，实行集中管档，所有审批事项的材料，全部由综合窗口接收，这样能够全流程地掌握审批材料，进而整合、精简，重复的材料只提交一份。

整合76份申请表为1套申请书，需要由主管部门出具或审批的139份材料由综合窗口接收和推送，不再让项目建设单位充当"快递员"，加之部门取消审批事项、精简材料，这样就大幅度地减少了要件数量。

综合窗口一方面督促各审批主管部门按照承诺时限完成审批工作，另一方面监督各审批主管部门在材料补正过程中一次性告知执行情况，如果出现同一材料补正两次或以上的情况，综合窗口可以向该审批业务窗口提出质询，并计入电子监察系统。

"综合窗口办事员会在企业提交材料时就确定材料是否合格，不合格的要求审批部门一次性告知，若合格，就必须立即推送到审批窗口。"石松说，"而且，现在政务大厅的工作人员，中午不再午休，周六照常营业。"

提 升
组织审批部门集中会商，让项目单位心中有数

让老安更为惊喜的还在后头。3天以后，他接到了政务大厅工作人员的电话："请您来综合窗口开个会。"

在这个会上，老安竟一次性地见到了不少"老朋友"，"有发改委的、安监局的、环保局的……把这么多部门拢在一起，得多大力度？"老安笑着说。

石松便是这场会议的主持人，"今天我们把17个单位的相关负责人全都叫来，就是为了老安代理的这个项目，有什么问题你就可劲儿问。"

"土地预审的制图环节，国土局使用的是'2000国家大地坐标系'，可测绘院出具的都是城建坐标系图……"老安抛出最关切的问题。国土局同志马上回答："我们已经协调测绘院，现在都使用'2000国家大地坐标系'了。"

老安提出的7个问题全部得到了答复，一周过后，他被告知：

/ 流程图，从 14 米减到了 4 米 /

如果企业自身承担的几项手续已经办理完，项目可以在 40 天后开工。"这比我的预期整整提前了一年！"老安很惊喜。

"及时组织市、区两级审批主管部门进行集中会商，审批主管部门发表各自的意见和注意事项，确定需要办理哪些事项、准备哪些材料、哪一层级审批。"石松介绍，会后，综合窗口将审批事项清单和要件清单发给项目单位，让项目单位一目了然、心中有数。2018 年 10 月之后，综合窗口已经召开了 64 场集中会商会。

今年初，石松又绘制了 3 张不同类别投资项目的审批流程图，这 3 张图的长度都缩减了 70% 以上，"能在我的办公桌上展开了，但与一些营商环境好的南方城市相比，我们还要正视差距、继续努力。"石松说，流程图缩减的背后，是吉林市的企业投资核准类项目审批要件由 373 个减少到 74 个，企业投资备案类由 322 个减少到 55 个，政府性投资项目类由 358 个减少到 75 个。

《人民日报》（2019 年 04 月 09 日　11 版）

黑龙江优化营商环境，
设立新机构、出台新法规、探索新模式
从"不好办"到"立刻办"

吴齐强　方　圆

"2018年12月31日下午5点，老李欠我的7万块，连本带利，终于还上了！"建筑工人刘志杰把还钱的日子和时间记得很准，说到激动处，他还提高了嗓门，"多亏了政府的那个新单位主持公道，要不然，这拖了八九年的事，真是不好办。"

刘志杰口中的"新单位"，是黑龙江省营商环境建设监督局，那这个"新单位"又是如何为老刘"主持公道"的？

设立机构，破冰探路
省、市、县三级纵向联动，引入第三方评价机构

去年的新一轮机构改革中，黑龙江将省政府办公厅的企业和创业投诉管理、发展环境整治、网上政务平台建设、网上审批监督管理、流程再造等职能整合，组建省营商环境建设监督局，专门负责优化营商环境工作，2018年10月28日，该局挂牌成立。

"这些年来，欠大伙儿的钱始终是我心上一块大石头，可我那

时是真拿不出来。"一直欠着刘志杰钱的"老李"曾经也很无奈,"8年官司没打赢!后来听说成立了这个局,我就找过来了,原本也没抱啥太大希望,谁成想,在2018年最后一天,也就是我找他们的第三个月,问题竟顺利解决了。"

"老李"名叫李万仓,是黑龙江省黑河市逊克县的一名开发商。2008年,逊克县政府决定以招商形式开发建设一个项目,李万仓依法取得承包经营权。然而,却因政府部门违约,工程未能按期挂牌实施。老李不仅自己损失惨重,还开不出工钱给工人们。"有段时间,我被当成'老赖',心里真不是滋味!"

接到投诉后,黑龙江省营商环境建设监督局立刻联合黑河市、逊克县三级营商环境建设监督局展开调查、提出方案,解决了8年难题,"不好办"变成了"立刻办"。

长期以来,黑龙江在营商环境方面存在短板:一些机构办事程序繁冗,一些人的思想观念落后,不合理的陈规陋习存在……要治理顽疾,就必须涉险滩、戳痛处。"为了在营商环境机制建设上突出激励约束,我们健全投诉举报处理机制,构建省、市、县三级纵向联动体系。"黑龙江省营商环境建设监督局局长张琢介绍,"同时,我们还加大了营商环境受理投诉举报事项转办、跟踪、督办力度,挂牌督办一批破坏营商环境、新官不理旧账等典型案例,公开曝光一批破坏营商环境的人和事。"

今年年初,黑龙江省营商环境建设监督局牵头组织引入第三方评价机构,采用中国营商环境评价指标体系,对全省13个地市及哈尔滨新区开展营商环境评价,进行"大体检"。"新机构动真碰硬地开展督查考核,问题不解决,直接发警告书给市长,与目标责任制考核紧密挂钩,提高当地对此问题的重视程度。同时对工作突出的地区进行表彰奖励。"张琢说。

"为了准确把脉，利用近40天时间，我们多次开展实地调研，与干部、群众和企业家面对面交流，梳理研究问题，将任务分解落实到责任部门和人头，能马上解决的立刻办；一时不能解决的列出任务书、时间表和路径图限时办；对带有普遍性且需要中长期解决的问题，联合有关部门制定制度协同办。"张琢介绍。

地方立法，条例出台
借鉴成功经验，探索联席工作、联动追责等制度

"'新官必须理旧账'这种政务管理问题直接以立法形式加以明确，非常值得点赞！"在黑龙江省政协十二届二次会议上，省政协委员、黑龙江国惠工程造价咨询有限公司总经理迟本毅与其他委员就《黑龙江省优化营商环境条例（草案）》进行了讨论。

今年初，在黑龙江省十三届人大三次会议上，《黑龙江省优化营商环境条例》获得高票通过。为了制定好全省第一部系统性优化营商环境方面的法规，黑龙江省人大充分吸纳社会各界意见，开展了大量调研、论证、考察工作，并在北京召开由全国著名法律、经济、文字专家参加的论证会为条例草案审查把关。

"我们认真学习外省做法，借鉴成功经验，又结合我省实际确定营商环境条例框架，充实完善内容。"张琢介绍，省营商环境建设监督局成立之初，省委就明确了法治化建设思路。"以《条例》为统领，我们将抓紧制定《黑龙江省政务服务数据管理条例》和《黑龙江省营商环境监督办法》两部地方立法，并对社会信用、营商环境考核评价等方面开展立法调研，建立营商环境联席工作、联动追责等制

度。"张琢说。

"打造良好营商环境,是全社会共同责任,每个人都要把自己摆进来,任何人都不是局外人,要形成'人人都是环境'的浓厚氛围。"黑龙江省委书记张庆伟说,"对破坏营商环境者,我们大家要共批之、共讨之,违法违纪的,要依法依纪严肃处理"。

主动优化,靠前服务
"一枚印章管审批"提速明显,"承诺即开工"初步见效

"一个字,快!"不久前,哈尔滨新区金融服务中心有限公司总经理解礼宁在哈尔滨市松北区行政服务大厅,20分钟办完公司工商营业执照,以前这至少得5个工作日。

市场主体享受到的便利,源自哈尔滨新区行政审批服务改革。自2019年1月1日,新区启用"哈尔滨新区管理委员会行政审批专用章",原有的各种行政许可印章终止使用,实现了"一枚印章管审批"。

"以前企业需完善立项、规划、环评、土地预审等手续后,才能进入用地报批程序,手续繁、关卡多、时间长。"张琢说,为解决这一问题,黑龙江省营商环境建设监督局与哈尔滨新区共同推进"承诺即开工"改革举措,变企业投资项目申请行政审批为按照政府制定的标准作出书面信用承诺并进行公示后,即可开工建设。

经过改革,企业投资项目落户哈尔滨新区后13个工作日即可开工,可为投资项目抢出至少100天的有效施工期。"我们正在对哈尔滨新区试点的相关标准进行规范总结,成熟一例、推广一例。"张琢说。

2018年，黑龙江各地各单位向社会发布"最多跑一次"事项75649项，"网上办"事项42719项，分别占市县事项总量的85.5%和47.9%。目前，黑龙江省将企业开办时间压缩到8个工作日以内，不动产登记限5个工作日内办结；实现全省政务服务"一张网"，做到大多数事项"网上办"，必须要到窗口办理的事项"一次办"，企业特殊审批事项由政府提供"我帮办"。

《人民日报》（2019年04月11日　11版）

内蒙古自治区纪委监委公开倡议
实实在在为基层减负

张 枨

近日,记者从内蒙古自治区纪委监委获悉:为贯彻中共中央办公厅《关于解决形式主义突出问题为基层减负的通知》精神,内蒙古自治区纪委监委发出了加强政治监督、转变工作方式、狠刹形式主义、坚持结果导向、反对问责泛化五条为基层减负的公开倡议。

据悉,该倡议提出加强政治监督,要将精简文件、会议和控制检查考核纳入政治监督重要内容,做到横向到边、纵向到底;对于转变工作方式,能直接安排部署或发信息解决的不发文件,能发文解决的不开会,能执行到底的文件不再层层转发,能用网络传输的不再印发纸质文件,向下布置工作要一次性讲清落实事项;在狠刹形式主义方面,不滥贴标语、乱喊口号,不印制、购买专项工作记录本、专用学习笔记本,不编印实际作用不大的宣传册、纪念册、画册,少汇编各类文件资料,多建立电子资料库。

同时,坚持结果导向,考核检查工作不一味地查记录、看痕迹,不泛泛搞积分评比;向上级报告工作少讲开会、发文、方案制定等情况,多讲具体问题、解决办法和工作成效。

内蒙古自治区纪委监委还要求，全区各级纪检监察部门要率先作为、主动作为，一方面认真破除内部存在的形式主义突出问题，带头为基层减负；另一方面，要充分发挥职能作用，扎实做好监督执纪问责工作，推动全区各级党政机关行动起来，实实在在为基层减负。

《人民日报》（2019年04月15日　11版）

武汉通报"双评议"造假案例
群众评成自评，查！

田豆豆

机关事业单位、公共服务企业基层站所作风好不好，本应由办事群众来评议。近日，湖北武汉市某单位两科室人员却用手机互相"刷好评"……4月初，武汉市治庸问责办通报了一批"双评议"数据造假典型案例，相关责任人均受到严肃处理。

2017年初，为了全面加强作风建设，武汉市委在全市组织开展了机关中层处（科）室和基层站所评议"十优满意单位""十差不满意单位"活动，即"双评议"活动。大数据评议是评分的重要依据之一，该数据主要来源于各单位上传的群众办事情况数据、办事群众主动扫码评议的数据等。

截至目前，武汉市纳入"双评议"活动的单位已达7339家，包括行政机关单位，社区卫生服务中心等事业单位，供电、供水、供气等公共服务企业等。

然而，为了应对评议，一些单位动起了造假的"歪脑筋"。汉阳区原工商质监局共有17个参评科室和基层站所，在2018年10月至2019年1月8日期间，该局共录入事项10529条，其中有521条为内部机关科室、基层站所"交叉互评"刷好评，涉及科室共9个。

该局下属两家工商质监所,还将涉及消费者投诉、群众上访等自认为"不宜报送"事件中的群众号码替换成内部干部手机号码,以应付治庸问责办的电话回访。

对此,武汉市治庸问责办对相关单位责任人给予了行政警告、诫勉谈话等处理。武汉市治庸问责办主任刘全保介绍,去年武汉市治庸问责办共累计发现瞒报、漏报、虚报、选择性上报数据及拉票刷票等违反评议工作纪律问题782个,问责837人。

4月1日上线的"武汉评议"系统已对扫码评议进行了定位处理,进行扫码评议的手机如果处在被评议单位500米范围之外,将做无效处理;各单位内部员工手机号码将被纳入"灰名单",禁止"自评""互评"等。

《人民日报》(2019年04月17日 11版)